Manuel de manipulation

pour obtenir (presque) tout ce que vous voulez

Gilles Azzopardi

Manuel de manipulation

pour obtenir (presque) tout ce que vous voulez

ÉDITIONS FRANCE LOISIRS

Pour écrire à l'auteur : g.azzopardi@wanadoo.fr

Édition du Club France Loisirs,
avec l'autorisation des Éditions First.

Éditions France Loisirs,
123, boulevard de Grenelle, Paris.
www.franceloisirs.com

ISBN: 978-2-298-01752-6

Sommaire

IV. Les prises de contact

V. Les négociations efficaces

VI. La vie de bureau

VII. Les rapports à l'autorité

Introduction

Pourquoi sommes-nous manipulables (et manipulés) ? Pourquoi faisons-nous souvent des choses qui vont à l'encontre de nos intérêts et/ou de nos plaisirs personnels ? Au départ, c'est biologique. Toutes nos attitudes de soumission, plus ou moins conscientes, viennent du fait que nous sommes des mammifères et que, bébé, nous avons besoin (plus que les petits des autres mammifères) des adultes pour subsister.

Au fond de nous, il y a toujours le souvenir d'êtres tout-puissants qui nous fournissaient nourriture, bien-être et protection. Plus tard, quand on se retrouve dans des situations (affectives, matérielles...) où nous sommes aussi impuissant que lorsque nous étions bébé (ça arrive forcément), on cherche automatiquement à retrouver la protection infaillible et le bien-être que nous avons connu dans notre enfance.

Bref on régresse. On recherche chez les autres une surprotection, une domination ; on recrée systématiquement des rapports de dépendance. Et on se laisse faire, même si ça ne nous fait pas du bien à long terme.

Pourquoi certains sont-ils plus vulnérables que d'autres ?

Deux raisons psychologiques : le manque de confiance en soi ou la peur de perdre l'amour (ça va souvent avec des parents « indifférents » ou, au contraire, trop « fusionnels »).

Et une, sociologique : la plupart des grandes institutions sociales (famille, école, entreprise, religion...) nous encouragent à être dépendant. Elles jouent sur notre désir biologique initial (être bien nourri, au chaud, en sécurité) et nous promettent le bien-être au prix de certaines conditions.

Au fond, malgré toutes les différences entre un Dieu tout-puissant, une mère, un prof, un patron, un conjoint ou une bande d'amis, le discours (plus ou moins implicite) est toujours le même : « Si tu fais ça (obéir, bien travailler, penser, parler, consommer, pareil que les autres...), tu seras protégé. »

La formule varie beaucoup selon les cultures, le milieu social, mais elle est universelle. Et, comme on a tous besoin d'amour, de se sentir appartenir (à une famille, une communauté, un groupe...), il est souvent préférable (c'est plus facile et plus rassurant) de se laisser manipuler (de se soumettre) que d'affirmer sa différence, sa volonté. Car, dans le cas contraire, on risque d'entrer en conflit, de se voir rejeté et de se retrouver seul, sans partenaire, amis, travail, argent...

Mais ce n'est pas une fatalité ! Nous pouvons nous débarrasser de tout ce qui pollue notre liberté de penser, d'aimer, de choisir... Mieux même, nous pouvons inverser la tendance : qu'il s'agisse de décrocher un job, une promo, une commande, un contrat, ou plus simplement un peu d'aide, un service, d'un parent, d'un ami ou d'un plombier... Cela revient toujours à influencer les choix, à convaincre autrui (par ses mots, ses attitudes, ses actes) de penser et d'agir dans le sens voulu.

Et on obtient toujours beaucoup plus des autres (et plus durablement) en les impressionnant favorablement (charisme) et par la persuasion plutôt que par la confrontation et la lutte.

C'est ce que vous propose ce livre. Comment amène-t-on quelqu'un à faire ce qu'on voudrait le voir faire ? Les Machiavel de la politique et de la communication, les gourous de la publicité et du marketing, les pros de la négociation ou de la vente ont, pour arriver à leurs fins, des techniques extrêmement élaborées et redoutablement efficaces. Emparez-vous d'elles, non seulement vous ferez mieux passer vos messages (et on vous fichera la paix), mais vous obtiendrez (presque) tout ce que vous voulez.

PARTIE I

Les relations quotidiennes

CHAPITRE 1

Comment se faire passer pour un cadeau ?

Quand on ne s'aime pas, on ne nous aime pas. Normal. Si vous, qui êtes censé bien vous connaître, vous vous trouvez nul, pas intéressant, pourquoi voulez-vous que les autres vous trouvent attirant, sympathique. Si vous pensez que vous n'êtes pas un cadeau, il n'y a franchement aucune raison pour qu'on vous prenne pour un cadeau.

S'attirer, imposer, inspirer le respect à la bête la plus féroce. De quoi cela dépend ? D'abord de l'estime que l'on a de soi-même. Ensuite, de la force de caractère dont on est capable (on ne se fait pas respecter en jouant les carpettes ou en méprisant les autres). Se faire respecter par les autres, ce n'est pas si difficile. Ça ne demande pas d'être zéro défaut, de ne jamais faire de faux pas, encore moins d'être craint (un peu quand même) : simplement, vous devez vous voir comme étant digne d'intérêt, d'estime, de considération. Et surtout, le plus important, de vous comporter toujours comme tel, même quand vous n'êtes pas au plus haut dans votre audimat personnel ou au mieux de votre forme (quand vous vous sentez trop faible pour affronter un fauve, ne rentrez pas dans sa cage, prenez un jour de congé !).

Pourquoi on s'aime (ou pas) ?

Notre degré de self-estime dépend de nombreux facteurs. Certains sont objectifs : enfant, on ne se sentait pas « comme les autres » (à cause d'oreilles décollées, d'un tic de langage, etc.). D'autres relèvent de l'amour reçu. Quand on a été aimé, ça donne pour plus tard une formidable confiance en soi. En revanche, le manque d'amour ou d'attention mine l'estime qu'on a de soi. Quand on est enfant, on ne se dit pas « Mon père est un salaud » ou « Maman a un cœur de pierre ». On pense que c'est de sa faute, ça grave dans l'inconscient : « Je ne suis pas aimable. » Mais le contraire aussi, une enfance surprotégée a souvent des effets pervers. Lâché dans la vie sans filet (parental), on n'ose plus ou on ose trop. On devient timoré ou arrogant. Pareil que si l'on avait été brimé, cassé par des parents « dévalorisants » (ceux qui répètent sans cesse « J'ai honte de toi », « Tu es ridicule, idiot, incapable, bon à rien… », « Je ne peux pas te faire confiance, compter sur toi…) ». Autres parents à problème pour une bonne estime de soi : les parents trop laxistes. Après, on se croit tout permis. On a une fausse estime de soi, qui se lézarde dès que la vie nous flanque une gifle. Au contraire d'une vraie assurance qui résiste à l'échec et se renforce avec l'expérience.

Le réflexe « deuxième sexe »

Plus difficile : être une femme. Vous avez beau faire jeu égal avec les hommes et souvent mieux depuis la maternelle, dans votre tête, vous avez gardé vos réflexes « deuxième sexe ». Vous avez été conditionnée par quelques siècles d'éducation patriarcale pour passer après les autres. Les quarante dernières années de féminisme n'ont pas changé grand-chose à ce niveau. Au nom de la modestie, vous continuez la plupart du temps à vous effacer, à ne pas la ramener. Du coup, même quand vous vous aimez « plutôt bien », vous ne vous aimez jamais assez, jamais vraiment, jamais complètement. Inconsciemment, les autres le ressentent. Ils ne s'intéressent pas à vous ou décrochent rapidement sans chercher à vous connaître vraiment. Ils ont du mal à vous respecter comme vous avez envie qu'on vous respecte. Ils ont du mal à vous dire qu'ils vous aiment ou vous apprécient et vous ne les croyez qu'à moitié quand ils vous le disent. Forcément, cela crée souvent des frustrations, des malentendus dans votre job (comme dans vos amours) et des complications avec vos proches. Mais l'estime de soi ce n'est pas seulement psychologique, déterminé une fois pour toutes par le passé, ça se construit aussi tous les jours dans le réel.

Vingt mauvaises attitudes à remplacer par les bonnes !

- Vous enviez vos amis quand ils vous parlent de leur travail, vous racontent leurs vacances ou leur dernière nuit d'amour.
- Vous avez du mal à établir un contact avec les autres quand vous débarquez dans un dîner ou une soirée.

- Vous doutez souvent sans raison de la fidélité de votre partenaire.
- Vous êtes fréquemment de mauvaise humeur.
- Vous avez fréquemment des remords ou des regrets.
- Vous vous demandez souvent ce que les autres vous trouvent.
- Vous avez peur de rentrer en compétition.
- Vous avez souvent l'impression que votre entourage est hostile.
- Vous rejetez toujours les responsabilités sur les autres.
- Vous passez votre temps à vous excuser pour vos mauvaises performances et à dévaloriser les bonnes.
- Vous êtes mal à l'aise quand vous êtes seul.
- Vous avez le sentiment de refaire toujours les mêmes erreurs.
- Vous pensez souvent que vous n'avez pas vraiment le choix.
- Vous vous demandez tout le temps ce que les autres pensent de vous.
- Vous êtes facilement blessé par les critiques et les reproches.
- Vous ruminez longtemps vos erreurs.
- Vous passez votre temps à chercher des compliments.
- Vous vous dévouez tout le temps pour les corvées.
- Vous vous montrez « d'accord » même quand vous ne l'êtes pas.
- Vous vous inquiétez souvent en pensant à votre avenir.

Prenez-vous pour un cadeau, ça change tout !

S'aimer plus, s'aimer vraiment, ce n'est pas si difficile. Ça ne consiste pas à être zéro défaut, à ne jamais faire de faux pas : simplement à vous voir comme aimable, digne d'intérêt, d'estime, de respect. Et surtout, le plus important, de vous comporter toujours comme si vous l'étiez effectivement, même quand votre amour pour vous varie à la baisse. Pour cela :

Arrêtez de vous dévaloriser

Quand vous servez des brocolis, ne les présentez pas en disant « Je crois que je les ai ratés », « Ils sont moins bons que d'habitude ». Ou, plus subtilement dégradant : « Ma maman les fait gratiner en béchamel. C'est autrement bon. » Votre compagnon se demande s'il n'aurait pas mieux fait d'épouser votre mère. Vos invités se disent qu'ils se sont trompés d'adresse. Pareil quand on vous fait un compliment : « Oh ! C'est joli ce que tu as aujourd'hui ! » Ne répondez pas : « Oh ! C'est pas cher » même (et surtout) si vous avez acheté votre costume chez Tati, ou « Oh ! J'ai fait une folie. Je ne recommencerai plus » si vous vous êtes ruiné chez Armani. En vous dévalorisant, vous dévalorisez les autres. Vous faites passer un message négatif qui consiste à dire : « Vous êtes vraiment nuls de choisir un nul comme moi. » Inconsciemment, vous laissez entendre que vous ne gagnez pas à être connu, qu'on a tort de vous aimer ou de vous faire confiance. Et vous faites le vide autour de vous. Au contraire, en vous prenant pour un cadeau, vous valorisez tous ceux qui vous approchent de loin ou de près. Vous faites passer un message positif : « Vous avez du flair de m'avoir trouvé. » Croyez en votre valeur, les autres y croient aussi. Ils vous écoutent plus attentivement, vous prennent au sérieux. Vous avez moins besoin de ramer dans les dîners pour que votre voisin s'intéresse plus à ce que vous lui racontez sur Kusturica qu'à votre Wonderbra. Ou dans votre job, quand vous avez un message important ou une idée à faire passer. Vous devenez plus crédible, plus méritant. Quand vous demandez quelque chose, une augmentation, une promo, un bébé, un coup de main ou qu'on vous fiche tout simplement la paix pendant une demi-heure, vous l'obtenez plus facilement, plus rapidement. Respectez-vous, les autres vous respectent. Votre conjoint ne vous serine plus à longueur d'année : « Tu vois, je te l'avais bien dit ! » chaque fois que vous faites une gaffe. Et votre patron se déplace quand il veut vous parler. Il ne hurle plus votre prénom à travers les bureaux.

Vantez-vous, ça marche !

Vous êtes une fille, vous êtes modeste : vous avez tort ! C'est ce que montre une expérience menée par des neurobiologistes de l'université du Wisconsin. Ils ont fait ingurgiter une boisson très désagréable à des volontaires, soit en leur disant que c'était une bonne soupe, soit en leur disant qu'elle était infecte. Résultat : la soupe est toujours jugée moins mauvaise quand elle a fait l'objet de louanges préalables. Alors, la prochaine fois que vous servez des brocolis ou que vous rendez un dossier, ne les présentez pas en disant « J'ai été moyenne sur ce coup-là ». Essayez plutôt : « Je vous défie de trouver mieux ! »

N'attirez pas l'attention sur vos faiblesses

Si vous avez un peu du cheval sous la culotte, inutile de prévenir le cow-boy qui vous drague : « Dans la famille, on a tendance à faire des réserves en bas. » Il s'en apercevra bien assez tôt. Et souvent même pas. Quand quelqu'un vous aime bien, il ne voit ni vos faiblesses morales ni vos défauts physiques sauf si vous les grossissez à la loupe. Ne dites pas non plus à votre compagnon : « Tu aurais vu les seins que j'avais avant, mon ex était comme un fou ! » Forcément, il pense : « Quel dommage que je ne l'aie pas rencontrée quand elle avait dix-huit ans. Maintenant, c'est une deuxième main. »

En attirant l'attention sur vos défauts, vos faiblesses, actuelles ou passées, vous laissez entendre que vous ne valez pas la peine qu'on se décarcasse pour vous. Au contraire, quand vous vous prenez pour un cadeau, quand vous ne montrez que vos bons côtés, les autres se mettent en quatre pour se montrer à la hauteur. Ils font tout pour ne pas vous décevoir. Votre chéri ne se défile plus quand vous lui demandez de sacrifier son déj parce qu'il y a des « grandes boîtes pas chères » à Carrefour et que vous n'avez pas le temps. Votre ex ne se fait plus prier pendant des heures pour prendre les enfants ce week-end parce que votre chéri (celui qui va à Carrefour) vous fait la surprise d'un week-end à Berlin.

Acceptez vos défauts

Comme tout le monde vous n'êtes pas parfait. Vous avez vos faiblesses et vos défauts. Acceptez-les. Ne gaspillez plus votre énergie, n'épuisez plus votre moral, à « réparer ». Vous n'avez pas l'oreille musicale, laissez tomber les cours de piano. Vous ne vous entendez pas bien avec Excel, revenez au papier-crayon. Si vous n'êtes pas très ambitieux, ne vous forcez pas à le devenir. Quand on s'efforce de réparer un défaut, de développer une capacité pour laquelle on n'est pas doué, on peut bien sûr s'améliorer, mais on fait beaucoup d'efforts pour des résultats qui n'en valent pas la peine. En vivant sur vos faiblesses, vous mettez systématiquement à mal votre amour-propre. Vous stressez parce que vous vous obsédez sur ce qui ne va pas chez vous. Et vous perdez un temps précieux que vous pouvez utiliser plus efficacement en exploitant vos vrais talents.

Au contraire, en vous focalisant sur vos seules qualités, en jouant uniquement sur vos points forts, vous brossez votre ego dans le bon sens du poil. Vous entrez dans une dynamique de succès. Vous obtenez de meilleurs résultats et vous avez de plus grandes satisfactions. Vous gagnez en confiance. Vous ne perdez plus votre temps à vous tracasser pour vos erreurs, à être contrarié par ce qui vous arrive, ni à vous inquiéter du lendemain. Vous ne vous prenez plus la tête parce que votre amant vous appelle trop rarement ou votre banquier, trop souvent. Au fond de vous, vous savez que vous êtes capable de résoudre les problèmes. Vous êtes sûr de pouvoir toujours rebondir en cas de revers ou d'échec, même si le compagnon de vos nuits part avec la baby-sitter ou si votre banquier vous refuse un crédit.

Débarrassez-vous des fausses obligations

Faites une liste de toutes les choses désagréables que vous avez faites ces six derniers mois. Quelles sont celles qui n'auraient rien changé à votre vie si vous ne les aviez pas faites ou si quelqu'un d'autre s'en était chargé à votre place. Ensuite, arrêtez. Arrêtez de faire le boulot des autres au bureau. N'acceptez plus des déjeuners ou des dîners qui ne vous font pas vraiment envie. Ne vous forcez plus à aller tenir la main à une bonne copine en pleine déprime ou à prendre des cours de tennis pour faire plaisir à votre homme. Tout ce que vous faites parce que vous vous sentez obligée de le faire, vous le faites mal. Ça vous donne une mauvaise image de vous. À chaque fois, vous vous mettez moralement en situation d'échec. Au contraire, en vous prenant pour un cadeau, vous ne tombez plus dans la solution de facilité qui consiste à faire ce que votre maman, vos copines ou votre mec attendent de vous. Débarrassée de vos fausses obligations, vous pouvez faire vos propres choix en fonction de vos propres besoins et de vos réelles possibilités. Vous agissez conformément à ce que vous pensez, sans ressentir de culpabilité ou de regrets excessifs même quand vous faites des bêtises ou vous vous trompez.

Éliminez vos propres messages négatifs

La vie est ainsi faite que, tous les jours, on est bombardé de messages négatifs. Enfant, vous avez été soumis(e) aux jugements défavorables de vos parents et de votre famille. Votre maman disait : « Tu es insupportable, je ne veux plus te voir », votre frère vous claquait la porte au nez : « Laisse-moi tranquille, tu es trop petit(e) ». Adulte, vous encaissez comme tout le monde des critiques et des reproches. Votre patron dit « Vous n'avez pas encore fait le compte-rendu de la dernière réunion » ; votre chéri(e), « Tu vas sortir habillé(e) comme ça ! ». Tous ces messages négatifs, actuels ou passés, vous programment pour penser et agir en fonction de la bonne ou de la mauvaise opinion que les autres vont ou peuvent avoir de vous. Vous les avez intégrés sous la forme de commandements. Obligez-vous à en faire une liste aussi complète que possible : « Je devrais.../Je ne devrais pas... », « Il faut que je.../Il ne faut pas que je... », « Je suis obligé(e) de.../Il faudrait que je... » Quand vous avez terminé, remplacez « devrais » par « pourrais », « Il faut que je... » par « Je pourrais... » et « Je suis obligé(e) de... » par « Je décide de... ». Ensuite, vous pouvez faire un tri. Gardez tout ce qui correspond à vos propres valeurs, à vos convictions, ce qui est bon pour votre cote d'amour perso. Jetez le reste. En éliminant vos propres messages négatifs, vous échappez aux tentatives de manipulation des autres. Votre patron n'essaie plus de vous forcer la main pour une sortie dîner-boîte avec des clients en jouant la flatterie : « Ce n'est pas pour la société, c'est parce que c'est tellement plus agréable quand vous nous accompagnez. » Votre maman ne tente plus de vous culpabiliser, « Tu te rends compte, à ton âge tu es toujours célibataire », pour vous coller dans les bras d'un beau parti qui assurerait vos vieux jours.

Appréciez-vous tous les jours

Notre tête, c'est comme la télé. Quand on se fait son petit JT perso en fin de journée, on se repasse automatiquement les mauvaises nouvelles. Les réflexions désagréables que les autres nous ont faites aussi bien que les remarques qu'on s'est faites à soi-même. Les critiques, les reproches, que vous avez encaissés dans la journée sont plus accrocheurs, vous marquent durablement si vous ne faites rien pour compenser. Chaque soir, avant de vous endormir, vous devez vous décrasser l'amour-propre exactement comme vous vous nettoyez le visage. Pour cela, repassez-vous volontairement le film de vos succès. Remettez-vous en mémoire tous les événements positifs de la journée. Pensez à tout ce que vous avez de bien, les choses importantes comme les petites. Revivez tous les moments où vous vous êtes senti séduisant, aimé, estimé. En prenant l'habitude de vous apprécier tous les jours, vous devenez moins susceptible. Vos relations avec les autres sont rapidement plus franches et plus détendues.

Célébrez vos succès

C'est vrai que la discrétion est une vertu et la vanité, un défaut. Ce n'est pas une raison pour vous sentir coupable quand vous avez du succès ou pour en rajouter dans la modestie. On a tous besoin de voir que nos efforts, nos mérites, sont reconnus, appréciés. En plus, c'est de l'orgueil d'imaginer : « Je suis tellement formidable, les autres finiront bien par s'en apercevoir un jour. » Les autres ont leurs propres problèmes, ils ne passent pas leur temps à vous observer pour savoir si vous avez bien fait ou pas. Ils n'ont pas forcément en plus les moyens de s'en rendre compte. Aussi, quand vous êtes formidable (vraiment), faites-le savoir. Obligez-vous à parler de vos succès. N'en faites pas une montagne. Mais ne les diminuez pas non plus. Dites : « Depuis que je suis arrivé dans la société, on a fait 40 % de mieux » au lieu de « Le marché est en pleine croissance », « J'ai trouvé un merveilleux canapé » au lieu de « C'était soldé », « J'ai été bonne sur ce coup-là » au lieu de « La concurrence était nulle », etc. Récompensez-vous chaque fois que vous réussissez un joli coup. Offrez-vous la totale chez un grand coiffeur, le mobile qui vous a tapé dans l'œil et donnez une petite fête pour partager et bien montrer votre satisfaction.

Revivez vos succès

L'amour qu'on a pour soi varie forcément en fonction des circonstances. Vous avez un creux de forme, des problèmes dans votre couple ou dans votre travail, vous vous aimez moins que d'habitude. Quand votre ego est malmené pour une raison ou une autre, vous oubliez que vous êtes un cadeau. Vous devenez vulnérable. Vous vous tracassez pour les erreurs que vous avez pu commettre.

La moindre réflexion désagréable, le plus petit reproche, prend des proportions considérables. Votre amour-propre est en chute libre. Dans ces cas, vous devez ouvrir un parachute (ascensionnel). Ça consiste à vous remémorer vos succès des dernières semaines ou des derniers mois. Rappelez-vous votre fierté, combien c'est bon de s'aimer et de se sentir aimé, reconnu. Et célébrez-les aussi. Même si vous l'avez déjà fait. Invitez une bonne copine pour aller faire un gueuleton, sortez vos vieux amis et une bouteille de champagne. Revivre ses succès, se faire plaisir, faire plaisir autour de soi, c'est le meilleur moyen pour remonter rapidement dans son amour-propre et dans la cote d'amour des autres.

La vraie confiance en soi, c'est ça !

Le sentiment de sa valeur personnelle est un truc hérité de l'enfance (quand on n'a pas été élevé dans le respect de soi et des autres, on se montre souvent trop coincé ou trop arrogant). Mais elle peut se gagner, à force de travail sur soi.

1. Ne pas avoir honte d'avoir honte. C'est normal quand on a fait une erreur, qu'on s'est fait dépasser (pas parce qu'on n'a pas les dernières chaussures à la mode...) : ça veut dire qu'on a un surmoi fort, qui résiste à l'échec.

2. Soigner son look, mais sans exagération (coiffure excentrique, bijoux ostentatoires, tatouage, piercing, silicone...). Quand on est sûr de soi, on n'a pas besoin

d'en rajouter. Et on assume ses éventuels défauts (complexes) avec réalisme et humour.
3. Être capable de demander pardon, de reconnaître ses torts, ses erreurs et même ses fautes ! Ça veut dire qu'on a une morale. Ceux qui nient toujours leurs responsabilités sont des immatures ou des pervers.
4. Rester combatif dans la difficulté (voire même être stimulé par l'adversité). Ne pas se poser en « victime » (demander des comptes, accuser, faire des procès) mais rebondir (toutes les « épreuves » sont des occasions de se renforcer).
5. Reconnaître qu'on est moins bon qu'un autre (pour cette fois). Les vrais champions quand ils se plantent disent : « Machin était plus fort ce jour-là », et pas : « Les juges ont triché... ». C'est comme ça qu'on s'améliore pour la prochaine fois.
6. Être capable d'admiration (quand ça en vaut la peine, pas des crétins du show-biz ou des escrocs affairistes). Avoir des « modèles » d'exigence, ça donne envie de se surpasser.
7. Se mettre à la place des autres (même d'un chat !). Un moi fort est capable d'empathie (ressentir ce que ressentent les autres) et d'intimité : on n'a pas peur de perdre son identité (à la différence des xénophobes, des « nazis », des psychopathes...).
8. Ne pas être hystérique pour autant : on ne confond pas son désir avec le désir de l'autre, on n'est pas ce que l'autre attend qu'on soit (on garde sa personnalité).
9. Savoir écouter sans interrompre parce qu'on ne se sent pas menacé par la parole de l'autre.

10. Ne pas (trop) parler de soi en bien ou en mal. C'est un truc de vantards (ils en rajoutent parce qu'ils imaginent qu'on les sous-estime) ou de geignards (ils cherchent à inspirer la « pitié » pour éviter l'affrontement).
11. Ne pas dénigrer les autres (les amis comme les rivaux). Ce n'est pas parce que quelqu'un est « faible » que ça nous rend automatiquement plus fort.
12. Rester humble dans le succès. Sinon on se croit trop fort et on finit par faire des erreurs (en sous-estimant les difficultés, ses adversaires, etc.).

CHAPITRE 2

Soyez égoïste, c'est plus généreux !

Égoïsme : « attachement excessif à soi-même qui fait que l'on recherche exclusivement son plaisir et son intérêt personnels », dit le Petit Robert. Vu comme ça, cela la fiche mal d'être égoïste. On se dit que ce n'est pas moral, pas sympa. Moi d'abord, cela va à l'encontre de tout ce qu'on a appris à la maison ou à l'école. « Il n'y a pas que toi », « Pense aux autres », « Sois gentil avec ton petit frère ». Ce n'est pas très flatteur pour son image personnelle. Même quand on ne fait pas grand-chose pour les autres, on aime tous s'imaginer qu'on est capable de désintéressement, de dévouement.

Égoïste, on ne s'en vante pas sauf pour marquer un parfum des années quatre-vingt, les années de l'individualisme forcené, de la course au fric. En plus, l'égoïsme, c'est contraire à tout ce qui fait que la vie n'est pas une jungle, au terrorisme de la nature (la survie, la loi du plus fort) : la civilisation, la culture, la démocratie, l'humanisme... Du coup, au prétexte d'altruisme, de solidarité, on n'ose pas, on n'ose plus dire « Moi, je ». On met une croix sur ses envies. Ou on se culpabilise à chaque fois qu'on se fait un plaisir solo. Et on se laisse souvent marcher sur les pieds pour ne pas être montré du doigt dans son job ou son social, étiqueté égoïste par ceux qu'on aime. Pourtant, quoi de plus normal que d'être attaché à soi-même et de rechercher son plaisir et son intérêt personnels. Mieux, même si l'égoïsme n'est pas une grande vertu comme l'amour, la générosité, la tolérance ou la bonne foi, il n'est pas sans vertu. Pas seulement pour soi. Pour les autres aussi. Aujourd'hui, où les temps sont de plus en plus durs et les relations de plus en plus brouillées, un peu plus d'égoïsme peut faire du bien à tout le monde. Bien sûr, il ne s'agit pas d'en faire un mode de vie du matin au soir, de pratiquer le chacun pour soi en écrasant les autres. Non, l'égoïsme, c'est quelque chose qui se dose, une générosité bien ordonnée qui commence par soi-même.

Comment faire le bonheur des autres (et le sien) en étant égoïste ?

C'est tout bête, pour pouvoir donner, il faut avoir quelque chose à donner. Vous avez déjà vu un grand dépressif s'investir dans une œuvre humanitaire ? Non, évidemment. Quand on est mal dans sa peau, noyé dans ses problèmes, quand on ne peut pas grand-chose pour soi, on ne peut rien pour les autres. Au contraire, la générosité, c'est la contagion du bonheur. Osez l'égoïsme, vous verrez que le bonheur des uns ne fait pas forcément le malheur des autres. Ce qui est bon pour vous peut être un bien pour les autres. L'égoïsme, non seulement vous en avez le droit, mais c'est souvent aussi un devoir.

Penser d'abord à soi

Tous les jours, au nom de l'autre, vous faites des sacrifices. Vous renoncez à des plaisirs. Vous oubliez vos intérêts personnels. La plupart du temps, ce n'est pas très important. Cela n'a rien de dramatique si vous n'achetez pas le petit-ensemble-Chanel-qui-vous-irait-à-ravir en pensant que votre gamine a besoin d'un manteau neuf. Si vous ne prenez pas une semaine de vacances pour ne pas abandonner la compagne de vos nuits bloquée par son job. Ou si vous acceptez de partir en thalasso avec votre maman alors que vous savez pertinemment qu'au bout de trois jours, elle vous tape sur les nerfs.

Mais, parfois, vous renoncez à des choses plus essentielles. C'est le cas quand vous abdiquez votre personnalité pour être plus conforme à l'image que les autres ont de vous. Quand vous mettez une croix sur vos propres passions, vos projets et vos aspirations pour mieux correspondre aux attentes de la compagne de vos jours. Ou quand vous restez avec un homme que vous n'aimez plus parce que vous avez des enfants avec lui et qu'une illusion de famille vaut mieux qu'un divorce. À chaque fois, vous pensez que le sacrifice en vaut la peine. Vous le justifiez, vous le supportez, en faisant appel à vos bons sentiments. Vous devez bien ça à votre maman, à votre compagne ou à vos enfants. Vous vous trompez. Pour plusieurs raisons. D'abord, ce qui est bien pour les autres, vous n'en savez rien. Peut-être que votre gamin a moins besoin d'un manteau neuf que d'une maman bien dans sa peau. Peut-être que si votre maman partait seule en thalasso, elle rencontrerait un monsieur pour égayer ses longues soirées d'hiver. Peut-être que quelques jours sans vous feraient le plus grand bien à la compagne de vos nuits.

Ensuite, un égoïsme bien dosé consiste aussi à renvoyer chacun à ses problèmes. Surtout qu'à moins d'être un saint, chaque fois qu'on fait preuve d'abnégation, on culpabilise toujours un peu (ou beaucoup) les autres. On ne peut pas tricher avec les frustrations. Quand on est malheureux, nos proches le sentent même si on fait tout pour le leur cacher. En plus, c'est humain, on a tous plus ou moins tendance à reprocher à ceux qu'on aime tout ce qu'on fait pour eux et qui nous coûte trop. Chaque fois que vous vous sacrifiez, vous négligez aussi ce qui fait le déclic de l'altruisme et de la générosité. « Aime ton prochain comme toi-même », c'est d'abord une injonction à l'amour de soi. Parce ce qu'on ne peut pas vraiment aimer les autres sans d'abord s'aimer soi-même. Alors, arrêtez de vous sacrifier. Penser à soi, c'est le commencement de penser aux autres. N'oubliez jamais que le plus beau cadeau que l'on puisse faire à ceux qu'on aime, c'est d'être heureux. Même si parfois, sur le moment, ils râlent parce que cela leur crée des problèmes. À terme, c'est, de toute façon, toujours plus positif.

Faire passer ses plaisirs et ses intérêts en premier

Beaucoup de nos difficultés personnelles et relationnelles viennent du fait que, spontanément, on imagine que les autres, surtout ceux qui nous sont proches, sont

---

« Mon copain n'arrête pas de me taxer ! Il n'a jamais de monnaie pour la machine à café, il est tout le temps en train de me piller, une cigarette par-ci, un ticket resto par-là… »

Matthieu, 35 ans, ingénieur informatique

Mauvais signe : votre copain est un rapiat standard (symptôme : il « pique-assiette » tout le monde, pas seulement vous) ou quelqu'un qui… vous en veut ! Vous avez quelque chose qu'il n'a pas : l'intelligence, la beauté, l'amour, des responsabilités, et il vous le fait payer. Quoi qu'il en soit, ça revient au même. Vous n'avez pas trente-six solutions. La première : être ferme, dire non chaque fois, même si c'est pour une bricole. Mais bon, manifestement vous ne l'avez pas été assez, vous n'en êtes peut-être pas capable, sinon vous n'en seriez pas là. La seconde : copier votre comportement sur le sien avec un temps d'avance. Chaque fois que vous le rencontrez, dès le premier contact, demandez-lui systématiquement quelque chose. En principe, ça devrait le dissuader rapidement. Mais n'oubliez pas de faire passer le mot autour de vous, sinon il risque de vous faire une réputation de radin.

---

comme nous. On a toujours du mal à admettre qu'ils ne pensent pas ou n'agissent pas comme on le fait, que les plaisirs, les intérêts, puissent être différents. C'est vrai qu'on a à peu près tous les mêmes désirs, les mêmes aspirations. Mais les priorités, les exigences, ne sont pas nécessairement en phase. Vous le voyez bien, par exemple, quand vous vivez à deux. Vous n'avez pas toujours les mêmes envies aux mêmes moments. Vos intérêts ne coïncident pas forcément. Votre partenaire peut avoir envie d'une virée avec ses copains ou ses copines en boîte alors que vous n'avez qu'une hâte, retrouver votre bouquin. Il peut avoir besoin d'un bébé pendant que vous vous obsédez sur une carrière, rêver d'un appart en ville et vous d'une maison à la campagne. Ou l'inverse. Peu importe. Le fait est que, souvent, quand vos désirs ne collent pas, vous avez tendance à faire passer les siens en priorité. Vous vous dites « Je l'aime, je veux le rendre heureux ». Au nom de l'amour, vous vous effacez la plupart du temps. Vous pensez que c'est mieux pour votre couple, que de cette manière, vous faites le plus grand bien à la personne que vous aimez. Vous avez tort. Chaque fois que vous faites passer votre plaisir ou votre intérêt après les siens, vous lui donnez automatiquement le mauvais rôle. Vous faites peser sur lui une responsabilité insupportable (surtout s'il n'est pas très égoïste). Si vous n'êtes pas heureux, ça devient de sa faute. Et, forcément, heureux, vous ne l'êtes jamais complètement. Parce que même si vous avez épousé quelqu'un de merveilleux, il ne peut pas mieux savoir que vous ce qui est bon ou plus important pour vous. Même s'il vous donne beaucoup, il ne peut vous donner que ce qu'il a. Au contraire, en vous faisant passer en premier, quand vous prenez en main vos plaisirs et vos intérêts, vous lui évitez de culpabiliser ou de s'angoisser sur le thème « Si ça ne va pas, il (elle) va me quitter ». Vous ne lui reprochez plus, ou beaucoup moins, de manquer d'attention, de ne pas s'occuper assez de vous. En somme, vous le rendez plus heureux et donc plus amoureux.

« Depuis que j'ai un job, tout le monde me demande des services. »

Antoine, 28 ans, juriste

Avoir un job, même petit, ça vous donne toujours une position stratégique, l'accès à des choses (une photocopieuse, Internet gratuit...), à des infos, des gens... Et donc un pouvoir. Plus votre fonction est importante, plus ce pouvoir attire de monde. Ceux qui sont sur le carreau et qui se disent que grâce à vous, ils vont peut-être vendre une idée, un projet, décrocher le gros lot. Et puis aussi, ceux qui se font valoir grâce à votre position : « J'ai une copine qui... je vais lui demander de... (te trouver l'info, te recommander, etc.). » Si, bonne pâte, vous entrez dans l'engrenage des petits services, ce sera l'escalade. Les demandes se multipliant, vous perdrez un temps fou et votre travail en souffrira. Comment éviter ? D'abord, demandez-vous pourquoi vous acceptez ? Par vanité ? Par culpabilité ? Pour être tranquille, refusez systématiquement (vous n'avez pas le temps, pas le pouvoir, pas l'info...). Et quand vous ne pouvez pas faire autrement, acceptez, mais en précisant bien que c'est exceptionnel.

Arrêtez de rendre service tout le temps à tout le monde

Vous aimez les gens, vous êtes plutôt bonne fille, vous avez votre petit côté « boy-scout toujours prêt ». *A priori*, c'est plutôt sympa. C'est bien de faire des B.A. Mais, la nature humaine étant ce qu'elle est, votre gentillesse devient vite une faiblesse. Pas assez égoïste, vous servez de béquille à tout le monde, vous passez votre temps à rendre service, à vous taper toutes les corvées. Normal. C'est plus facile de vous demander à vous qu'à ceux qui disent toujours non. Résultat, dès qu'il s'agit de dépanner, vous êtes toujours en tête de liste, la première personne à qui on fait appel. Vous avez droit à tout. Vous gardez le chat de la voisine, un monstre qui fait ses griffes sur votre canapé tout neuf et pipi sur votre oreiller par mesure de représailles quand vous ne lui renouvelez pas assez vite ses croquettes. Vous renoncez au dernier Rohmer pour amener votre neveu voir *Transformers*. Votre appart est tout le temps squatté par des ex ou de vagues copines de passage ou en rupture de domicile fixe et vous faites le chauffeur pour un oui ou pour un rien. Vous ne comptez plus les heures perdues dans les embouteillages pour accompagner un bon copain chez le dentiste parce qu'il balise d'y aller tout seul, les dimanches après-midi passés à tenir des mains et à remonter des morals, les fringues, les livres ou les CD que vous avez prêtés et que vous ne revoyez jamais. Au fond, pourquoi vous faites tout ça ? Parce que vous croyez leur faire du bien. Faux. Bien sûr, vous dépannez sur le moment, bien sûr on peut, on doit s'entraider dans la vie. Mais en habituant les autres à compter sur vous, en répondant toujours présent, vous ne leur rendez pas vraiment service, vous ne leur faites pas vraiment du bien. Vous entretenez chez eux leurs plus mauvais penchants : l'opportunisme, le côté profiteur. Vous contribuez à en faire au mieux des assistés, au pire des parasites. En plus, à moins d'avoir la patience d'une mère Teresa ou d'un abbé Pierre, à la longue vous vous sentez exploitée, frustré (forcément, ils vous renvoient rarement l'ascenseur) et vous finissez par leur en vouloir. Soyez égoïste, faites-vous une violence, dites non chaque fois que vous êtes tenté de dire oui. Mieux même, mettez systématiquement votre entourage à contribution. Déchargez-vous sur eux autant que possible de vos corvées. Non seulement vous vous épargnez de nombreux désagréments, vous économisez votre temps, votre énergie. Mais vous faites aussi une bonne action. En obligeant les autres à s'assumer, vous les aidez à grandir. Et en les encourageant au dévouement et au désintéressement, vous leur permettez de devenir meilleurs.

CHAPITRE 3

Identifier ses relations de soutien

L'*Homo sapiens* reste un être humain sociable et... influençable. Comme dit Boris Cyrulnik dans *Les Nourritures affectives* : « Le paradoxe de la condition humaine, c'est qu'on ne peut devenir soi-même que sous l'influence des autres. »

D'ailleurs, aujourd'hui la clé de l'éducation du management réside dans l'influence et non plus dans l'autorité. Rien de grand, de valable, ne peut se faire sans échange, partage des idées, adhésion. Il faut être influençable pour s'adapter, concilier les intérêts, négocier les changements. Le contraire, c'est être « fermé », ne pas avoir d'écoute, rester figé dans des schémas dépassés, incapable de s'améliorer. Mais il ne faut pas l'être trop. C'est mauvais pour soi : on ne se fait pas respecter, on sape ses chances de progresser. Et c'est mauvais pour le business : on le voit bien, les familles, les équipes qui gagnent encouragent chacun à exprimer ses différences ; les perdantes, au contraire, encouragent le conformisme intellectuel et la soumission. D'où l'importance de faire le tri entre ses vrais et faux alliés.

Comment repérer vos alliés (les vrais) ?

« Je suis fort, je n'ai besoin de personne, je m'en sors tout seul » (voire seul contre tous). Archifaux ! Comme disait ce bon Homère : l'union fait la force. D'ailleurs, toutes les études psychosociologiques le montrent : les gens les plus heureux dans leur vie, les plus performants dans leur travail, sont toujours ceux qui bénéficient d'un réseau. D'où l'importance d'avoir de bonnes relations de soutien et de ne pas mélanger les torchons et les serviettes. En général, on distingue trois sortes de relations de soutien.

Les soutiens émotionnels : ce sont les personnes qui ont avec vous des liens empathiques, ils sont capables de ressentir ce que vous ressentez, de partager, ils vous comprennent sans que vous ayez besoin de tout expliquer.

Les soutiens d'estime : les personnes qui vous apprécient, vous font des compliments, vous remontent l'ego et, parfois, les bretelles, pour votre bien.

Les soutiens matériels et informatifs : les personnes qui vous aident, vous donnent du temps, des conseils, des plans.

Pour être au mieux avec soi-même et le monde, il est essentiel d'avoir de bons soutiens dans ces trois domaines. C'est plutôt facile quand on a eu une enfance heureuse (parents aimants et tout le tremblement) : on recrée spontanément autour de soi de bons réseaux. Moins évident dans le cas contraire. On rejoue souvent la relation parentale : parents salauds = soutiens salauds. C'est d'ailleurs à ça qu'on reconnaît un maso (personnalité à conduite d'échec en langage politiquement correct). Symptômes : ne pas apprécier les personnes qui nous veulent du bien ou les repousser, choisir des personnes qui nous déçoivent ou nous maltraitent corps et âme, repousser les tentatives des autres pour nous aider ou les saboter.

Comment ne pas faire de mauvais choix quand on n'a pas les bonnes références que procurent des parents bien ? En faisant preuve d'un peu de jugeote pour apprendre à repérer vite fait les bons et les méchants, faire le tri entre vrais soutiens et planches pourries.

Profil du bon soutien : c'est quelqu'un qui se sent concerné par vos difficultés et qui est content de vos succès, à la différence du simple voyeur (qui se repaît de vos malheurs) ou du faux frère (qui fait semblant d'être content). C'est quelqu'un de plus ou moins expansif. Ne le jugez pas à ses réactions. Ce n'est pas parce qu'il ne sanglote pas comme une madeleine quand vous versez des larmes de crocodile (vous avez été largué, votre patron vous a refusé une promo...) qu'il ne partage pas votre douleur. S'il ne pleure pas (ou en tout cas moins), c'est pour mieux vous soutenir. À l'inverse, l'« ami » qui est trois mille fois plus effondré que vous parce que vous venez d'écoper une mission à risque (vendre des réfrigérateurs à des Inuits, par exemple) ne fait pas son boulot (vous montrer que c'est du gâteau parce que zéro concurrence), même si ce n'est pas un mauvais bougre.

Profil du mauvais soutien : tous les petits camarades qui compatissent ou se réjouissent en surface, mais qui, au fond, sont envieux et compétitifs avec vous (vos succès les crispent et vos échecs les rassurent). Par exemple, le garçon ou le chef des ventes à qui vous annoncez qu'Untel vous a planté et qui vous dit : « Pourquoi il t'a fait ça à toi ? », sous-entendu « C'est un pote, tu l'as bien cherché ».

Qui dit soutien dit aussi minimum de réciprocité, renvoi d'ascenseur, sauf grande différence d'âge (par exemple, un vieux de la vieille qui vous coache, un aîné qui vous donne un coup de pouce), sinon c'est du parasitisme. Et également de se prendre en charge (pleurnicher ou vider sa bile avec son grand copain de la machine à café, c'est un moyen pour aller mieux, mais après il faut résoudre les problèmes), sinon c'est du béquillage.

Vos bons soutiens...

...émotionnels

La mère qui relativise (« Ce n'est pas grave, ma petite chérie, ça arrive à tout le monde »), qui compense (« Viens, allons faire un peu de shopping, ça te changera les idées ! »), qui positive (« Vois le bon côté, maintenant tu vas pouvoir... »).

Le père solide qui rassure (« Ne t'inquiète pas, mon fils, ça va s'arranger », « Tu sais que tu pourras toujours compter sur moi »). Le père qui questionne, cherche à savoir les raisons de votre désarroi, vous permet d'exprimer vos émotions.

La grande sœur qui vous accueille sans vous poser de questions (elle ressent ce que vous ressentez) et qui vous fait une bonne bouffe pour vous remonter le moral.

La bonne copine chez qui vous pouvez débarquer à n'importe quelle heure du jour ou de la nuit pour vider votre sac (elle vous écoute sans se mettre en avant) ou, plus simplement, ne pas dormir seule.

Le petit ami qui vous ment (« Mais non, tu te fais des idées ! ») quand vous lui demandez : « Tu ne trouves pas que j'ai grossi des fesses ? »

Le copain d'enfance qui vous invite au resto et vous fait rire en vous racontant sur le mode cocasse ses propres déboires sentimentaux.

...d'estime

La mère amie qui vous traite d'égal à égal, qui sait être présente quand il faut (voire vous remonte les bretelles) sans pour autant chercher à s'immiscer dans votre vie privée.

Le père valorisant qui vous dit fréquemment combien il est fier d'avoir une fille, un garçon, comme vous (intelligent, drôle, astucieux, sérieux, responsable...), qui s'aperçoit et apprécie chaque fois que vous faites quelque chose de bien. Celui qui célèbre vos succès (scolaires, professionnels) et qui vous les rappelle chaque fois que vous vous plantez.

L'ami de vos parents qui ne vous prend ni pour une demeurée (« Alors, on a bien joué avec Barbie aujourd'hui ! ») ni pour un ovni (objet violent non interné) (« Ta pauvre mère, je me demande comment elle arrive à te supporter ? ») et vous traite en adulte.

Le conjoint qui vous apprécie tous les jours (pas seulement pour vos rondeurs, vos petits plats ou vos performances sexuelles), qui vante vos qualités (intelligence, humour, tolérance, générosité, etc.) et vous redore l'ego chaque fois qu'il s'écaille.

Le prof qui vous convoque en privé pour savoir ce qui se passe quand vous avez une baisse de régime, celui qui vous encourage à faire des choix ambitieux (« C'est de la graine de concours, ça madame ! »).

Le patron exigeant qui montre qu'il a confiance en vous (sinon pourquoi vous avoir engagé) en vous confiant des tâches à la hauteur de vos compétences. Celui qui n'est pas toujours sur votre dos, qui vous félicite (devant tout le monde) quand vous faites bien et vous prend entre quatre yeux quand il a des reproches à vous faire.

...informatifs et matériels

La grand-mère avare et bougonne qui dit toujours du mal de tout le monde, mais qui vous prête trois mille euros (« Surtout ne dis rien aux autres ! ») pour prendre un studio.

Le copain qui vous fait parfois rire, mais souvent honte (plaisante lourdingue, vomit partout) quand vous sortez en bande, mais qui répond toujours présent avec sa caisse à outils quand vous avez un joint à changer ou un clou à planter.

La copine qui vous refile ses bons plans (petits restos sympas, ventes privées,...), qui pense à vous quand elle entend que..., qui vous met sur des coups (boulots, invits...).

Le prince charmant qui partage les corvées ménagères, qui pense à venir vous chercher en voiture quand vous êtes trop crevée pour prendre le métro, qui vous laisse dormir parce que vous avez besoin de récupérer (bien qu'il ait très envie de vous sauter dessus).

Le patron qui vous donne les tenants et les aboutissants de votre travail, le pourquoi et à quoi ça va servir, qui ne vous donne jamais de tâches ennuyeuses sans les justifier et trouve des solutions quand vous avez un problème personnel au lieu de se retrancher derrière les procédures de l'entreprise.

Les soutiens...

...émotionnels

La mère qui dramatise (« Oh ! Mon pauvre chéri, que va dire ton père... ») ou qui s'effondre en larmes (« Un jour, tu me tueras, ma fille ») chaque fois que vous avez un problème. Dans un autre registre, la mère rivale qui se réjouit secrètement de vos petites misères (« Tu vois, je te l'avais bien dit ! », « C'est pas à moi que ça serait arrivé ! ») ou la mère punitive (« C'est ce que tu voulais, maintenant ne viens pas te plaindre »).

Le père insensible (se rend même pas compte que vous êtes malheureuse), qui n'en a rien à battre (« Celle-là, de toute façon, elle est toujours en train de pleurnicher ! »). Celui qui vous sermonne ou qui se met tout de suite en colère et vous empêche par là de sortir vos émotions, de décharger votre peine et vous braque, vous rend autiste.

La grande sœur qui n'a jamais le temps (pas question qu'elle se gâche une soirée avec son nouveau chéri, sous prétexte que le vôtre vous a larguée quand vous lui avez annoncé que vous étiez enceinte). Celle qui vous écoute trois minutes pour vous infliger ensuite pendant trois heures le récit de ses propres malheurs.

Le boy friend qui n'arrête pas de vous faire des réflexions désavantageuses sur votre physique sous prétexte de se soucier de vous.

La bonne copine voyeuse qui se repaît parce que Roméo vous a trompée ; elle vous demande des détails croustillants sur l'autre fille, vous oblige à revivre cent fois en imagination la scène. Ou la faux cul qui compatit à vos problèmes (« Ah ! Les mecs, tous pareils ! ») sans vous dire qu'elle aussi s'est fait dans votre dos votre Roméo.

L'ami de toujours qui profite de votre état de faiblesse émotionnelle, de vulnérabilité, pour vous sauter. Ou celui qui croit bêtement qu'il va soulager votre peine en vous racontant qu'il y a pire dans le monde (la famine, le sida, les tournantes, le Darfour…) et finit par complètement vous déprimer.

…d'estime

La mère narcissique pour qui vous n'êtes bien qu'à condition d'être parfaite et qui vous reproche (fait votre procès pendant des heures) le moindre manquement. L'insatisfaite permanente (tout ce que vous êtes, vous faites, n'est jamais assez bien, assez…) : elle ne vous félicite jamais, vous fait rarement de compliments, mais vous exhorte à toujours faire mieux.

Le père indifférent (ne vous voit pas, ne vous fait jamais de compliments), qui vous enfonce insidieusement (« Tu n'as jamais été très doué pour les choses compliquées, mon pauvre ! »), qui vous compare toujours à mieux (« Ton frère, lui, c'est une flèche ! »). Ou le père séducteur qui vous fait sans arrêt des réflexions sur votre physique (« Ouahh ! les seins, heureusement que je suis ton père ! »), vos tenues vestimentaires (« Attifé comme ça, moi je serais une fille, je te regarderais même pas ! »). Le jaloux : « Tu t'habilles comme une pute ! »).

Le copain de vos parents qui croit toujours depuis des années que vous êtes la jeune fille au pair, qui ne vous demande jamais votre avis sur rien et parle de vous, à table, à la troisième personne comme si vous n'étiez pas là (« Elle va faire quoi maintenant qu'elle est grande la petite ? »).

Le petit ami envieux qui fait la tronche (ou vous fait une scène en rentrant) chaque fois que vous faites un petit succès. Et qui, au contraire, devient très protecteur, très tendre, quand vous avez fait un bide.

Le prof qui vous met minable devant les autres (« Vous ne ferez jamais rien dans votre vie ! »), qui vous pousse à renoncer (« Une grande école, vous rêvez mon petit ? »).

Le patron hystérique qui vous hurle dessus devant tout le monde chaque fois que vous faites une bêtise et ne reconnaît jamais vos mérites. Celui qui ne vous confie que des tâches ennuyeuses (sans les justifier) au lieu d'essayer de tirer le meilleur parti de vos compétences.

...informatifs et matériels

La grand-mère dithyrambique (« Tu as toujours été ma petite-fille préférée »), qui dilapide allègrement le patrimoine familial, mais qui refuse de vous prêter mille euros pour vous offrir une petite robe du soir (« Moi, à ton âge, je faisais des ménages pour manger ! »).

Le copain qui est toujours là pour faire la fête, qui tape l'incruste chaque fois que vous faites à dîner, mais qui se défile toujours chaque fois que vous avez besoin d'une paire de bras pour vider votre cave ou de sa voiture pour aller chercher un matelas chez Ikéa.

La copine qui vous informe après coup (« Je t'ai pas vue à la fête de Martin, t'as raté quelque chose, c'était fantastique ! », « Cinq cents euros le sac Prada, tu crois ça ? Mais c'était jusqu'à hier ! ») ou qui décide pour vous (« Oui, ils avaient besoin de quelqu'un, mais j'ai pensé que ça ne t'intéresserait pas, alors je leur ai donné les coordonnées de Martine »).

Le gros bêta qui vous laisse tout faire à la maison, part en virée avec ses potes quand vous êtes clouée au lit avec 40 °C de fièvre (ou insiste pour faire un câlin), se défile systématiquement quand vous avez besoin d'un coup de main (fric, piston…) : « Débrouille-toi toute seule ! »

Le patron qui ne tient pas compte de votre emploi du temps (vous balance, par exemple, des tâches au dernier moment sans se concerter avec vous), donc vous empêche de vous organiser, ou qui ne vous donne pas les informations nécessaires pour bien faire votre travail (après, ça lui est d'autant plus facile de critiquer).

CHAPITRE 4

Faire la paix : douze techniques de réconciliation

« Non mais, vous ne pouvez pas faire la queue comme tout le monde ! », « Oh, bon, ça va », « Non, ça va pas, vous vous croyez tout permis... » La situation s'envenime. Vous n'en venez pas aux mains ni même à échanger des noms d'oiseaux, mais votre sang fait un tour. Vous êtes contrarié. Votre soirée ciné est gâchée. Tout ça parce que vous vouliez défendre votre droit, vous étiez là le premier, ou parce que vous ne supportez pas le sans-gêne. Tous les jours, nous sommes confrontés à la grossièreté, la bêtise, la mauvaise volonté ou l'agressivité des autres. On s'énerve, on défend pied à pied ses positions. Et on a tort. Rien ne vaut la « peace and love attitude ».

1/ La guerre : on voit des provocations partout
On se sent visé, on est à cran. Un regard, une réflexion, un reproche, qui nous semblent déplacés, injustifiés, et on part au quart de tour. On n'imagine pas un seul instant que la personne en face a ses propres états d'âme. Quand votre patron fait sa tête des mauvais jours, vous

ne pensez pas « Sa femme l'a envoyé dormir sur le canapé du salon », mais « Il m'en veut parce qu'il m'a dans le collimateur ».

La paix : on ne fait pas de tout un problème personnel

On accorde aux autres le droit à la mauvaise humeur, aux « dérapages » et on ne se sent pas systématiquement concerné. On se concentre sur sa propre attitude au lieu de s'obséder sur le comportement de l'autre. En ne renvoyant pas la balle, en restant émotionnellement distant, on désamorce.

2/ La guerre : on ne supporte pas l'injustice

Un automobiliste vous grille la politesse et votre place de parking ? Le contrôleur des impôts ou l'employé de la Sécu vous soupçonne a priori de mauvaise foi ? Le compagnon de vos jours vous soutient dur comme fer que sa maman sait mieux que vous ce qui est bon pour votre gamin ? Souvent, dans ces cas-là, au nom de la justice bafouée, vous montez sur vos grands chevaux ! Vous savez que vous avez le droit pour vous, la morale, l'expérience ou le simple bon sens.

La paix : on préfère une petite injustice à un grand conflit

On ne lutte pas avec les mufles et les imbéciles (sous peine de le devenir soi-même). La plupart des batailles menées au quotidien sont inutiles. Elles pourrissent l'existence, les relations. Mieux vaut souvent laisser filer.

3/ La guerre : on s'accroche à son idée

On reste campé sur sa position. C'est un réflexe animal. On protège instinctivement son territoire, ses acquis, ses privilèges. Quelqu'un est en train de téléphoner dans une cabine, la conversation est presque terminée, il va raccrocher. Vous vous approchez d'un peu trop près, vous avez aussi besoin de téléphoner, automatiquement la conversation repart. Inconsciemment, l'autre s'accroche.

La paix : on lâche du lest

« Tu sais, au fond, je m'en fiche, tu as peut-être raison », au lieu de toujours chercher à avoir le dernier mot (même quand vous avez raison). À ce moment-là, généralement, l'autre fait un pas dans le même sens.

4/ La guerre : on veut abattre le préjugé de l'autre

Il se trouve encore en France des gens qui croient que la Terre est plate. On s'est efforcé de leur démontrer le contraire en leur montrant, par exemple, des photos prises par satellite. Réaction : c'est des faux, des montages, des trucages. Un préjugé (Sarkozy est sympathique, le café au lait est bon pour la santé…) a toujours une dimension émotionnelle, irrationnelle. Plus vous tentez de prouver par A plus B à quelqu'un qu'il est dans l'erreur, plus vous le renforcez dans ses préjugés et vous envenimez.

LA PAIX : on respecte son point de vue (même s'il nous révolte)

On fait un pas vers l'autre pour ouvrir le dialogue ou l'entretenir. C'est ce qu'on fait avec nos amis. On s'accommode de leurs préjugés (comme ils s'accommodent des nôtres). On les replace dans le contexte (pourquoi ils pensent ainsi...). Ou alors on fuit si le préjugé nous est insupportable. Il ne sert à rien d'argumenter avec les fanatiques ou les intégristes de tout poil.

La stratégie « gagnant gagnant »

On peut se manger le nez et on est tous perdants. Ou alors, on peut faire la paix et on est tous gagnants. Comment ? En misant sur la coopération et la réciprocité plutôt que sur le chacun pour soi. C'est ce qu'a démontré Axelrod, un chercheur en sciences politiques de l'université du Michigan. Il a demandé à des spécialistes (psychologues, sociologues, mathématiciens, etc.) d'établir des stratégies (ce qu'il faut faire dans chaque situation pouvant se présenter). Par exemple, « seul contre tous » est une stratégie, « aléatoire » en est une autre. Soixante-trois stratégies différentes, certaines très complexes, ont été présentées. Axelrod a alors organisé un tournoi informatique où chacune de ces stratégies jouait contre toutes les autres, et aussi contre elle-même. Résultat : c'est la stratégie « gagnant gagnant » qui coopère au premier coup puis imite le comportement de l'autre joueur au coup précédent qui l'a emporté haut la main. La stratégie « gagnant gagnant » privilégie quatre comportements individuels :

– Ne pas être jaloux de la réussite de l'autre

On a intérêt à chercher à gagner plus, plutôt qu'à

battre l'autre. Quand on cherche à battre l'autre, on risque de perdre beaucoup. En revanche, en cherchant à gagner plus, parfois on perd, mais globalement sur la longueur, on est toujours gagnant.

– Ne pas être le premier à faire cavalier seul

Se montrer bienveillant. Donc éviter les conflits inutiles en coopérant aussi longtemps que l'autre coopère. Les stratégies malveillantes entraînent de fortes vengeances, avec des conflits coûtant cher.

– Pratiquer la réciprocité dans tous les cas

On coopère, mais on riposte aussi chaque fois que l'autre ne joue pas ou plus la coopération : une riposte ni trop forte pour ne pas provoquer une escalade, ni trop faible sinon l'autre se croit tout permis.

– Ne pas être trop malin

Autrement dit avoir un comportement clairement identifiable, pour que les autres sachent à quoi s'en tenir. En étant simple, « gagnant gagnant » est facilement repérable et le partenaire comprendra alors facilement l'intérêt de coopérer.

5/ La guerre : on lance des ultimatums

On sent qu'on peut gagner, que l'autre va céder, renoncer. Alors on menace, on fait de l'intimidation, du chantage. Résultat : il se braque et ça vire au conflit ouvert. Ou alors, il cède, mais un jour il cherchera à prendre sa revanche. Cela s'appelle « le principe de réactance » : plus on empêche l'autre d'agir comme bon lui semble, plus il agit de façon contraire à ce qui lui est demandé.

La paix : on laisse l'autre « libre de... »

De nombreuses expériences ont montré (voir chapitre 13) qu'on obtient toujours plus de l'autre en lui disant « tu es libre de... » ou « tu fais comme tu veux », « c'est toi qui vois », etc. Les chances de le voir aller dans notre sens sont alors multipliées par trois.

6/ La guerre : on revient à la charge

On essaie d'avoir l'autre à l'usure. Exemple classique : on harcèle un ami ou un collègue pour qu'il arrête de fumer. Même si au départ, il trouve que l'idée est plutôt bonne (c'est mieux pour sa forme, son haleine, ses érections...), plus on insiste, plus il va se braquer.

La paix : on laisse l'initiative à l'autre

Au lieu de s'obstiner, on renonce à la première résistance. L'autre fera le chemin tout seul ou ne le fera pas. Bien sûr, c'est contrariant quand on n'obtient pas ce qu'on veut dans l'immédiat, ni le bénéfice narcissique de la victoire. Mais on évite l'altercation, on ménage ses nerfs (sur le moment), son moral (à long terme) et on évite les ruptures.

7/ La guerre : on dramatise

On se sent attaqué, alors on n'en reste pas là. Au contraire, on théâtralise, on amplifie. (on crie, on appelle les syndicats, on prend un avocat...). C'est la spirale infernale : l'autre se sent – à juste titre – attaqué et il riposte à l'identique : il crie, il prend aussi un avocat...

La paix : on fait le dos rond

On minimise, on décroche pour ne pas envenimer. En cas de conflit « sac de nœuds », très souvent la meilleure solution est : ne rien faire ! Particulièrement dans le monde du travail où l'on a envie de donner sa dem' tous les deux mois. La plupart des problèmes qu'on peut avoir les uns avec les autres se règlent d'eux-mêmes, quand on n'en fait pas un fromage. D'un jour à l'autre, les esprits se calment, les rapports évoluent, les choses se relativisent.

8/ La guerre : on est insensible à la main tendue

Très souvent, notre « ennemi », même inconsciemment, nous lance des petits signaux d'apaisement ou de réconciliation. Ils peuvent être très discrets : un regard en coin, un sourire timide, un effleurement bref, une proposition détournée (« Je te rapporte un café ? »).

La paix : on reste toujours « ouvert »

Au lieu de répondre par un mouvement d'humeur ou « Fous-moi la paix ! », on saute sur l'occasion. On répond, même un peu bougon, mais on répond ! Surtout, on ne prend pas ces gestes de conciliation pour des marques de faiblesse, on n'en profite pas pour enfoncer l'autre encore plus.

9/ La guerre : on « sadise » l'autre avec sa vérité

« Tu vois que j'avais raison ! » Parce qu'on est dans son droit, on se croit obligé (permis) de pousser l'autre (qui a tort) dans ses derniers retranchements. C'est « le culte forcené et vicieux de la vérité » que dénonce Maurice T. Maschino dans son livre, *Mensonges à deux* (Calmann-Lévy). On veut consciemment ou non anéantir l'autre. Mais les stratégies malveillantes entraînent de fortes vengeances...

La paix : on cherche des bases de coopération

On trouve des compromis (« Mon exigence pour la vérité m'a elle-même enseigné la beauté du compromis », Gandhi), on accorde le droit à l'erreur ou à la faute. On se montre plus indulgent au lieu de prendre un malin plaisir à dénoncer les faiblesses, ou les aveuglements de l'autre. La vraie tolérance consiste d'abord à admettre chez les autres des manières de penser ou d'agir différentes de celles que l'on a, à ne pas interdire ou exiger alors qu'on le pourrait.

10/ La guerre : on fait intervenir une puissance supérieure

Pour régler le problème, on appelle le grand manitou, le patron du patron, Dieu, les États-Unis... Vieux réflexe infantile : on rapporte, on va le dire à maman ! Arrive ce qui arrive dans la fable de La Fontaine, « Le Chat, la Belette et le Petit Lapin » : Raminagrobis mange les deux ! Maman punit tout le monde !

La paix : on règle le problème tout seul en adulte

On ne grille pas la hiérarchie et selon le bon vieux principe « laver son linge sale en famille », on essaie d'obtenir de son adversaire une paix honorable.

11/ La guerre : on veut la vengeance

Que l'autre « en bave » autant que nous. C'est le primitif « œil pour œil, dent pour dent », avec parfois un alibi pédagogique : « Comme ça il comprendra ce que cela fait. »

La paix : on pardonne

Quand c'est pardonnable, ou alors on va jouer ailleurs. Car les vendettas à la corse entraînent d'interminables conflits. Et au lieu de guérir ses blessures, d'avancer, on les laisse ouvertes, on piétine. Comme il est dit dans le Talmud « Vivez bien. C'est la meilleure des vengeances. »

12/ La guerre : on cherche à humilier l'autre

On n'a pas le succès modeste. On veut qu'il nous « mange dans la main ». Comme il n'a pas le choix, il se soumet avec la haine dans le cœur et le désir de la revanche. Mais il ne se soumet que temporairement. C'est ce qui s'est passé en 1918 quand on a imposé des conditions inacceptables à l'Allemagne, ce qui a nourri un fort sentiment de revanche. Le résultat a explosé quelques années plus tard…

La paix : on est magnanime dans la victoire

On n'enfonce pas l'autre. On n'en profite pas pour traiter son concurrent ou son rival de « tâche » quand il a perdu une bataille. Pas ramenard, on laisse toujours à l'autre les moyens de sauver la face.

S'excuser après un clash

Pas facile de faire œuvre de contrition quand on a dépassé les bornes. On a honte, on se sent coupable et souvent on en fait trop, trop vite, ou pas assez. Savoir s'excuser est tout un art !

Deux psychologues, Cynthia Frantz et Courtney Bennigson, de l'université d'Amherst dans le Massachusetts, ont demandé à leurs étudiants de raconter un conflit qui les avait opposés, durant les six derniers mois, à une personne de leur entourage. Les étudiants devaient exposer le motif de la dispute, expliquer en quoi ils avaient été offensés, au bout de combien de temps leur interlocuteur était venu s'excuser, et le degré de soulagement qui en avait découlé. Après avoir méticuleusement chiffré gravité du conflit, niveau de soulagement, temps écoulé entre l'incident et les excuses, les deux chercheurs ont montré que :

1/ Il ne faut pas s'excuser trop tôt après un incident.

L'effet de soulagement des excuses augmente avec le temps : des excuses faites trop rapidement après un incident laissent un sentiment de frustration, en revanche, celles qui viennent plus tard sont plus réconciliatrices.

2/ Il faut d'abord laisser le temps à la personne d'exprimer sa colère, son ressentiment et sa frustration.

Les excuses ne sont vraiment efficaces (réparent, réconcilient) qu'à condition de reconnaître toute l'étendue de l'offense, de ses torts ou de ses erreurs :

il faut prendre la peine d'écouter. Et après une offense, le temps nécessaire à la personne offensée pour faire sentir tout son ressentiment peut être relativement long (en fonction du degré de l'offense). Dans ce cas, l'offenseur doit attendre, « encaisser » les remarques hostiles de sa « victime » pendant tout le temps nécessaire, avant de présenter ses excuses.

Partie II

Les échanges verbaux

Chapitre 5

Comment mener un homme par le bout du nez ?

Sophie dérange son compagnon (il est en train de regarder la télé) pour lui demander s'il veut bien changer les draps, ou un collègue : « Mon ordi m'a plantée, tu peux me dépanner », il râle : « Encore ! », « Pourquoi moi ? » Elle fait machine arrière : « Ne te fatigue pas, je vais le faire moi-même » ou elle s'énerve : « Tu ne m'aides jamais ! » Elle a tout faux !

Chez les hommes, en général, les borborygmes de protestation, ça ne veut pas dire « non », mais « plus tard, dès que j'ai fini ». À la différence d'une femme, un homme, ça ne sait faire qu'une chose à la fois et ça travaille par « séquences », une chose après l'autre. Quand il est déjà occupé, vos appels à l'aide sont ressentis comme des intrusions (et si une femme ne prend pas les formes, c'est pire : il a l'impression d'être pris pour un « homme à tout faire »). Alors, il grogne (plus il est concentré, plus il râle) et vous concluez qu'il ne veut pas vous rendre le service en question. En réalité, s'il ronchonne, c'est parce qu'il répugne à interrompre son travail en cours. Ça ne veut pas dire qu'il ne veut pas. Bien au contraire, c'est plutôt bon signe : il prend la requête en considération. Quand il est contre, il se contente en général d'un sourire poli et d'un non plus ou moins sec. Alors qu'une femme qui râle n'envoie pas le même message : c'est toujours le signe qu'elle freine des quatre fers. Bref, on peut (presque) tout obtenir d'un homme en se « calant » sur sa manière de fonctionner et en apprenant à parler sa langue à lui.

Il parle clair. Elle prend des pincettes

Une linguiste suisse, Edith Slembek a montré que les femmes expriment rarement leurs demandes d'une façon directe. Pour un homme, habitué à s'exprimer de manière carrée, cette attitude est complètement incompréhensible : c'est de l'indécision, il ne le supporte pas et il tranche d'une manière unilatérale.

Elle a ainsi calculé que les femmes utilisent deux fois plus le conditionnel et cinq fois plus d'expressions limitatives comme « éventuellement » ou « un peu ». Elles posent aussi trois fois plus de questions, ponctuent leurs phrases de « n'est-ce pas ? », ou ne les terminent pas, et s'excusent plus fréquemment. Du coup, leur discours est perçu comme hésitant. Les hommes les croient « insécures » (à tort).

Elle lance les conversations. Il les clôt

Dans un cerveau d'homme, la fonction langage est distincte de la fonction sentiment. D'où ses difficultés pour échanger, parler « sensible », son manque d'intérêt (voire son dégoût) pour les émotions. Deborah Tannen, une linguiste américaine, a montré que les femmes lancent et entretiennent les conversations, mais que ce sont les hommes qui les contrôlent. En coupant la parole (jusqu'à 96 % d'interruptions), en grognant (pour manifester leur intérêt) ou en restant silencieux (afin qu'elles changent de sujet).

Il veut gagner. Elle veut rassembler

Pour un homme, il y a toujours un gagnant et un perdant. Avec un taux de testostérone vingt fois plus élevé, il se valorise dans l'action, le combat, la compétition. Explication des anthropologues : dans la préhistoire, la survie de nos ancêtres dépendait de la rapidité des mâles à faire face. D'ailleurs, aujourd'hui, même s'il se sert plus de son cerveau que de ses muscles (pas toujours), il garde le réflexe de s'énerver pour des riens. Sécrétant moins d'adrénaline (car moins de testostérone), la femme (en général) est moins agressive, plus dans la convivialité et le plaisir. Elle veut être aimée (ce qui peut être une faille et fausser bien des rapports).

Elle est solidaire. Lui défensif

Aujourd'hui, les femmes sont au cœur de l'entreprise. Leurs valeurs (entraide, consensus, harmonie...) ont progressé au détriment des valeurs masculines (compétition, efficacité, logique). Mais les hommes, même les plus évolués, vivent toujours l'entreprise comme « leur territoire ». Même s'ils ne le disent pas, ils se sentent envahis par cette puissance étrangère qui fausse le jeu : les filles. Aussi compétente et discrète soit-elle, une femme sera toujours perçue comme appartenant à cette espèce qui porte des décolletés et peut emporter le morceau par des voies « déloyales »...

Se faire comprendre par un homme

Vous parlez *a priori* la même langue, pourtant vous avez souvent l'impression d'un dialogue de sourds. D'où des moments pénibles au quotidien. Comment mieux faire passer vos messages ? Voilà six situations typiques où les bonnes formules vous ouvriront toutes les portes.

Proposer son aide

Elle dit : « Tu veux un coup de main ? »

Il comprend : « Tu n'es pas efficace. »

Elle aurait dû dire : « Si tu as besoin de moi, je suis là. »

Pour une femme, proposer de l'aide est une chose naturelle, une manifestation de bonne volonté qui renforce la coopération. Pour l'homme, seul compte ce qu'on est capable d'accomplir seul. Lui proposer de l'aide, c'est remettre en question ses capacités, sa virilité. Ça l'énerve (« De quoi se mêle-t-elle ? »), et l'humilie. En revanche, il apprécie que la fille « se mette à disposition » et lui laisse le choix de la demande. De son côté, une femme perçoit souvent des SOS là où il n'y en a pas (protection maternelle, volonté doucereuse de dominer l'autre en le diminuant).

Autres phrases à éviter :

- Tu te sens prêt ? (Tu es loin de l'être).

- Pourquoi fais-tu comme ça ? (Tu es incapable).
- Tu sais comment tu vas faire ? (Tu es idiot).

Demander quelque chose, donner une directive

Elle dit : « Pourrais-tu faire le compte-rendu de la réunion ? », « Pourrais-tu faire dîner les enfants ? »

Il comprend : « Je ne suis pas sûre que tu en sois capable. »

Elle aurait dû dire : « Tu veux bien faire le compte-rendu de la réunion ? », « Tu veux bien faire dîner les enfants ? » ou mieux : « Fais le compte-rendu de la réunion », « Fais dîner les enfants s'il te plaît. »

Quand une femme demande quelque chose à un homme, elle le fait de façon délicate (petite voix maniérée), et indirecte, en utilisant le verbe « pouvoir ». Lui le prend au pied de la lettre. Lui demander s'il « pourrait » faire ceci ou cela équivaut à une interrogation sur ses compétences : il répond sans réfléchir « oui, je peux » et oublie. Ou alors, il fait autre chose pour montrer à quel point il est « capable ». Elle ne doit pas hésiter à utiliser l'impératif (fais ci, fais ça) : dans une vision masculine, c'est normal qu'il y en ait un qui commande, l'autre qui obéisse. Inversement, l'homme qui donne un ordre à une femme doit y mettre les formes pour ne pas la vexer (« Il me prend pour sa bonne ») et déclencher une réaction passive-agressive (exécute, mais mal).

Autres phrases à éviter :

- Aurais-tu du temps pour ? (Non).
- Ça t'ennuierait de... ? (Oui).
- Je pensais que tu aurais pu... (Tu as tort).

- On devrait faire… (Qui ? Vous peut-être, en tout cas pas lui…)

Exprimer son mécontentement

Elle dit : « Pas mal ton rapport (le papier peint que tu as posé), mais il y a deux-trois trucs qui clochent… »

Il comprend : « J'ai fait du bon boulot. »

Elle aurait dû dire : « Je n'aime pas ce que tu as fait. »

La femme brosse d'abord pour doucher ensuite. L'homme ne perçoit que l'aspect positif et ne refait pas le boulot. La deuxième fois, elle s'énerve, et il la prend pour une girouette. Ou alors, elle boude pour manifester son exaspération. Il comprend alors : « Tu es incompétent, je ne peux pas compter sur toi. » Alors qu'il se croyait apprécié, il se sent soudainement jugé et condamné sans avoir eu la possibilité de se défendre. Résultat, il se braque : « Elle est fourbe, me fait tourner en bourrique… » Lui aurait dit : « C'est nul, tu me refais ça » (dans son esprit, ce n'est pas agressif) et elle aurait été dévastée ! Pour une femme, le plus important ce n'est pas ce qu'on fait (le résultat), mais la manière dont on le fait. Toute remise en cause de son travail est ressentie comme une attaque personnelle (susceptible).

Autres phrases à éviter :

- Je ne voyais pas les choses ainsi. (Elle veut tout diriger).
- Ça ne va pas du tout. (Elle me trouve vraiment nul).
- Comment as-tu pu faire ça ? (Elle me déteste, elle veut ma peau).

Exprimer sa satisfaction

Elle dit : « C'était vachement bien ton intervention ! »

Il comprend : « Tu es génial, tu m'impressionnes terriblement, je suis à tes pieds. »

Elle aurait dû dire : « Tu t'en es bien sorti finalement » ou « On a fait du bon boulot sur ce coup-là. »

Elle tremble comme une mère devant la prestation de son gamin. Soulagée si ça se passe bien, elle le félicite chaleureusement, car son succès est un peu le sien (ils font partie de la même équipe). Habitué à se vanter, à se battre la poitrine pour marquer son territoire, intimider les autres mâles et racoler les femelles, l'homme part dans un délire narcissique (grosse tête) et s'attribue tous les mérites. Si elle en rajoute, il se croit tout permis. Dans la planète fille, on ne fait pas d'autopromo : on fait bien son travail et on s'attend à ce que les autres reconnaissent notre talent. Quand ça n'arrive pas, on pense qu'ils nous méprisent ou qu'ils sont « jaloux ».

Autres phrases à éviter :

- Tu ne t'es pas mal débrouillé. (Je m'attendais au pire).
- Incroyable ! Comment tu as fait ? (Tu as eu de la chance).
- Je n'y croyais pas vraiment. (Avec toi, ce n'était pas gagné).

Dire non

Elle dit : « Je ne suis pas sûre... »

Il comprend : « Elle n'est pas sûre. »

Elle aurait dû dire : « Non » ; « Je n'aime pas du tout. » « Je ne suis pas enthousiaste », « Je ne sais pas… » : pour une fille, ce sont des manières courtoises de dire « non », sans froisser. Une autre femme comprendrait tout de suite et n'insisterait pas. Élevée dans la gentillesse, la prévenance, elle a appris à se mettre en retrait. Pour un homme, c'est de l'indécision, le signe qu'une femme est ouverte à la négociation, voire un encouragement. Pour un homme, le non n'a pas de valeur définitive : « Si on ne réussit pas du premier coup, il faut essayer encore et encore. » Si elle ne se montre pas plus radicale, il va revenir à la charge. En revanche, quand un homme dit non (service, promo…), il peut changer d'avis. Ce n'est ni une fin de non-recevoir, ni un rejet. Elle doit insister.

Autres phrases à éviter :

- Je vais y réfléchir. (Elle va accepter).
- Je ne peux pas pour le moment, mais… (Demain matin c'est bon).
- Peut-être. (Oui).

Repousser des avances

S'il y a bien un domaine où les hommes ne comprennent rien, c'est celui de la séduction. Vous lui souriez, vous lui manifestez de la sympathie, vous vous habillez un tant soit peu sexy, il en déduit qu'il a ses chances. Comment vous en débarrasser ? Sans vous énerver, mais en affirmant des limites claires, sans ambiguïté. En revanche, quand vous tentez de séduire un camarade de travail, n'oubliez jamais que les hommes, habitués à prendre les initiatives, sont toujours très mal à l'aise quand une femme prend les devants : ils savent encore moins que vous dire non. Alors, décryptez !

Vous dites...	**Il comprend...**	**Vous devez dire...**
Je t'aime bien, mais comme un ami.	Tu me plais.	Tu n'es vraiment pas mon genre.
En ce moment, j'ai quelqu'un.	Tu ne me laisses pas indifférente.	Même si j'étais libre, je n'aurais pas envie de sortir avec toi.
Arrête d'insister, je t'ai dit non.	Je pourrais être intéressée plus tard.	Respecte mon refus. Trouve-toi quelqu'un d'autre.

CHAPITRE 6

Apprendre le « parler femme »

Voyant sa collègue Vanessa souffrir sur sa présentation, Stéphane croyant bien faire, s'approche et lui dit : « Laisse-moi t'aider, je suis un as de PowerPoint. » « Mais je ne t'ai rien demandé, lui répond vexée Vanessa. Je vais m'en tirer, qu'est-ce que tu crois ! » « Mais je voulais juste t'aider », se défend Stéphane en pestant intérieurement contre le « deuxième sexe ». Scène de bureau classique rappelant que les femmes et les hommes ne fonctionnent pas de la même façon.

Dès les années quatre-vingt, de nombreux travaux ont montré que le cerveau avait un sexe, les hommes se servant plutôt de leur cerveau gauche (spécialisé dans le raisonnement et le traitement des informations visuo-spatiales) ; les femmes, du droit (plus dédié au langage et aux sentiments). En utilisant les techniques de l'IRM (Imagerie par résonance magnétique), une équipe de neurobiologistes américains (université de Yale) a par exemple montré que, confrontés aux mêmes tâches, les femmes mobilisent leurs deux hémisphères cérébraux et, les hommes, un seul.

Ces différences de fonctionnement sont source de nombreux malentendus et conflits. Pour Doreen Kimura, une chercheuse de l'université Western Ontario, au Canada, ces différences génétiques sont de surcroît renforcées par l'éducation. Résultat : le discours masculin est beaucoup trop direct pour les femmes et souvent perçu comme agressif. Voici cinq situations de travail où l'on peut obtenir bien plus d'une femme en mettant des formes.

Proposer un coup de main

Il dit : « Ne t'inquiète pas, je vais te montrer comment il faut faire. »

Elle comprend : « J'ai mieux à faire, mais tu ne t'en sors vraiment pas, ma pauvre chérie... »

Il aurait dû dire : « Laisse-moi t'aider » ou « Je peux t'aider, on gagnera du temps. »

Pour un homme, les femmes sont incapables de se débrouiller toutes seules, donc chaque fois qu'une femme réfléchit tout haut ou qu'elle râle pour soulager la pression, il croit à tort qu'elle émet des SOS et cherche à faire bonne impression. Mais pour une femme, parler des problèmes au fur et à mesure qu'ils se présentent, c'est penser à haute voix, une manière de mettre en forme ses idées. Quand un homme lui propose des solutions toutes faites, au lieu d'écouter, elle se sent automatiquement dévalorisée, rabaissée.

Autres phrases à éviter :

- Veux-tu que je t'aide à... (J'ai mieux à faire...)
- Auras-tu assez de temps pour... (Tu traînes vraiment trop).
- As-tu pensé à demander à... (Travailler en équipe, tu ne sais pas faire).

Demander un service, donner une directive

Il dit : « Tiens, fais le compte-rendu de la réunion. »

Elle comprend : « Rends-toi utile pour une fois. »

Il aurait dû dire : « Voudrais-tu s'il te plaît... » ou « Je sais que tu es débordée, mais si tu pouvais... »

Pour un homme, c'est normal de s'exprimer à l'impératif. Dans le monde masculin très hiérarchisé, il y en a toujours un qui commande et un autre qui exécute. Entre hommes, ça marche, personne ne se vexe, et ça fait gagner du temps. En revanche, une femme se sent presque toujours vexée, pas respectée quand on s'adresse à elle sur ce mode-là. Elle a beau faire jeu égal avec les hommes, même les surpasser, dans sa tête, elle a souvent encore le sentiment d'être toujours un peu le deuxième sexe. C'est normal, on n'efface pas trente mille ans de domination masculine du jour au lendemain.

Autres phrases à éviter :

- Quand tu auras un moment, tu pourras... (Mal organisée comme tu es...)
- Tu peux photocopier ça pour moi ? (Tu n'as rien d'autre à faire !)
- Tu aurais fait quoi, toi, dans cette situation ? (Tu te crois vraiment plus futée ?)

Exprimer son mécontentement

Il dit : « C'est nul ton truc ! »

Elle comprend : « Tu es nulle, tu vas être virée, tu es moche, grosse, je te hais. »

Il aurait dû dire : « Je ne le sens pas comme ça, je crois que tu devrais plutôt... » ou « Je n'aime pas ce que tu as fait, à mon avis... »

Pour un homme, dire « c'est nul », ça n'a rien d'agressif, juste une façon de demander à quelqu'un de s'expliquer. Un autre homme sait d'instinct qu'il ne court aucun risque. En revanche pour une femme, comme le plus important ce n'est pas ce qu'on fait (le résultat), mais la manière dont on le fait, toute remise en cause, légitime ou non, de son travail est ressentie comme une attaque personnelle.

Autres phrases à éviter :

- Qu'est-ce que tu veux dire ? (Tu racontes n'importe quoi).
- Pourquoi tu n'as pas fini ? (Tu me déçois beaucoup).
- Pourquoi tu as fait/dit, ça ? (Tu es incapable, stupide).

Dire non

Il dit : « Non, pas question. »

Elle comprend : « Pas question de passer un week-end avec toi », « Tu n'auras jamais ta promo, ton augmentation... »

Il aurait dû dire...

« Je vais y réfléchir » ou « Je ne peux pas pour le moment, mais... »

Pour un homme, « non » ça veut dire « pas maintenant », « plus tard, peut-être ». Un autre homme comprend que ça n'a rien de définitif et sait qu'il peut et même qu'il doit revenir à la charge. Il se mettra en valeur, argumentera et négociera pour obtenir ce qu'il veut, quitte à faire des concessions. En revanche, sur la planète femme, comme on est élevée dans la gentillesse, la prévenance, on apprend à se mettre en retrait, voire à se sacrifier. Un simple « non », c'est une fin de non-recevoir, voire pire un rejet.

Autres phrases à éviter :

- Je ne peux rien pour toi. (Il ne m'aime pas, il me déteste).
- Tu es folle ! (Tu es folle).

Exprimer sa satisfaction

Il dit : « Tu t'en es pas mal sortie. »

Elle comprend : « Je m'attendais au pire », « Tu aurais dû mieux faire ! »

Il aurait dû dire : « Je suis content de ce que tu as fait ; tu m'as vraiment épaté ! » ou « Grâce à toi, on a gagné. »

Les hommes ont l'habitude de s'attribuer toujours tous les mérites. Ils dénigrent ou minimisent toujours ceux des autres. Pour les anthropologues, c'est une attitude archaïque qui date du temps où celui qui avait tiré la meilleure flèche sur le mammouth s'attribuait la plus grosse part. Dans un monde de filles, on ne fait pas d'autopromotion, en tout cas beaucoup moins : on se contente de bien faire son travail et on s'attend à ce que les autres reconnaissent spontanément nos mérites. Chaque fois qu'un homme ne le fait pas (souvent), qu'il minimise (tout le temps), une femme imagine le pire : « Je ne suis pas à la hauteur », « Je l'ai une fois de plus déçu », etc.

Autres phrases à éviter :

- On a réussi, je n'y croyais pas vraiment. (Avec toi, ce n'était pas gagné).
- Tu es vraiment incroyable ! (J'ai eu l'air ridicule).

CHAPITRE 7

Déjouer les menteurs

« Ah ! Martin ! J'ai défendu votre dossier, mais là-haut, ils n'ont rien voulu savoir. Désolé, je sais que vous teniez beaucoup à avoir le poste. » Vrai ? Votre patron a effectivement appuyé votre projet. Ou pipeau ? Il l'a étouffé et promu Durand dans votre dos. Comment savoir si votre interlocuteur (conjoint, patron, baby-sitter, banquier, psy…) vous ment, même s'il ne s'appelle pas Pinocchio ? Facile, en étant un peu observateur.

Attitudes, mouvements, réactions corporelles, expressions du visage… Toutes les études effectuées par les psychosociologues du langage montrent que 60 à 70 % de la communication de tous les jours est non verbale. Nous communiquons avec les mots, mais beaucoup plus avec notre corps. Nos gestes parlent pour nous, même quand on ne parle pas avec les mains. Et parfois contre nous. Souvent, même, ils nous trahissent. C'est le cas quand nous mentons, en racontant des histoires ou même par omission. Ou quand on ne dit qu'une petite partie de la vérité, de ce qu'on sait ou de ce qu'on pense. C'est le cas aussi quand nous manquons de conviction, quand nous avançons des choses, des idées, des sentiments, auxquels nous ne croyons pas vraiment. Votre patron, ou votre garagiste, vous ment. Simple. Il y a des signes qui ne trompent pas.

Les trois signes qui ne trompent pas

Ses pupilles se contractent

C'est un réflexe de base : nos pupilles se dilatent devant un spectacle agréable, en cas d'émotions positives, joies, plaisirs... En revanche, elles se contractent devant une vision désagréable ou quand nous éprouvons une émotion négative. Bien sûr, il faut tenir compte du contexte. La pupille peut aussi se contracter pour des raisons purement physiques : un changement brutal de température, de luminosité... Vous devez aussi interpréter. Est-ce un bon gros mensonge, une simple omission, un manque de conviction ? Bien sûr, ce n'est pas toujours facile à repérer. Il faut être assez près, face à face. Mais à l'instant précis où votre interlocuteur est en désaccord avec ce qu'il affirme, il est trahi par son regard. D'ailleurs, on le sait tous plus ou moins consciemment. C'est pour cela, quand on veut être sûr de la vérité, qu'on demande : « Regarde-moi dans les yeux. » Ou, a fortiori, qu'on recommande pour bien mentir de regarder droit dans les yeux. C'est pour cette raison aussi qu'il est très malpoli de porter des lunettes noires pendant une conversation.

Il expire en fin de phrase

Là aussi, un signal réflexe. Quelqu'un nous pose une question. Normalement, si nous avons besoin de souffler, nous le faisons avant de répondre. « Je peux compter sur vous pour défendre mon projet ? » Si votre patron vous dit la vérité, il expire d'abord : « (*souffle*) Absolument, je vous soutiens à 110 % ! » En revanche, s'il ment, il expire après : « Faites-moi confiance, Martin, vous pouvez compter sur moi (*souffle*) ». La plupart du temps, c'est imperceptible. Vous devez être assez près et très attentif pour vous en rendre compte. Mais, chez certaines personnes, on l'entend très nettement. C'est comme un soupir de soulagement. Une manière, inconsciente, de décharger sa conscience du poids du mensonge, de la culpabilité.

Il se touche le visage

Autres signaux très révélateurs : tous les contacts main-visage. Les plus symboliques : les contacts main-bouche. Les petits enfants mettent la main devant leur bouche quand ils se rendent compte qu'ils ont dit quelque chose qu'ils n'auraient pas dû dire. Nous faisons pareil pour reconnaître que nous avons gaffé. Et les contacts main-nez. Pinocchio touchait son nez pour s'assurer qu'il ne s'allongeait pas. Nous faisons comme lui quand nous nous frottons ou nous pinçons le nez. Significatifs aussi, ils doivent retenir votre attention : tous les gestes quand ils sont inhabituels, soudains, et deviennent trop répétitifs : le menton caressé, la joue qu'on gratte, le sourcil lissé, le lobe de l'oreille qu'on triture, la main qui passe et repasse dans les cheveux…

Comment réagir face à un menteur ?

Le démasquer ? Seulement si le rapport de force est très nettement en votre faveur. Sinon il risque de se bloquer (et de s'enferrer dans ses mensonges), de vous en vouloir, voire de se montrer agressif. En revanche, vous pouvez lui montrer que vous n'êtes pas dupe, en utilisant le langage du corps. Certains gestes manifestent le scepticisme et sont ressentis (inconsciemment) comme tels par tout le monde. Par exemple, vous pouvez lever un seul sourcil pour lui montrer que vous doutez de ce qu'il vous raconte, vous frotter la joue, le menton, vous gratter l'oreille ou vous caresser la gorge de l'index en prenant un air songeur. Autre signe de méfiance : vous pouvez aussi reculer d'un pas ou croiser les bras pour lui faire sentir que vous êtes sur la défensive.

Tous les gestes qui disent faux

Quand on discute avec les gens, certains gestes doivent allumer des signaux d'alerte : vous avez devant vous un menteur ou alors quelqu'un de mauvaise foi. Ou encore, la personne s'avance (ou fait des promesses) sans être sûre de ce qu'elle raconte. Alors, ouvrez l'œil !

Se caresser le menton

Votre interlocuteur se caresse le menton avec le pouce et l'index en vous parlant ? Mauvais signe. Il pense que vous gobez tout ce qu'il vous raconte. D'ailleurs, au Brésil, ce geste signifie clairement « c'est dans la poche ». Inversement, s'il se frotte le menton pendant que vous lui parlez, c'est un signe de méfiance : il ne croit pas à ce que vous lui racontez.

Se couvrir la bouche

On ment. Involontairement, notre main se lève pour couvrir notre bouche. C'est un geste hérité de l'enfance. Tous les enfants du monde cachent leur bouche pour dissimuler le mensonge. Plus tard, nous avons toujours du mal à nous en empêcher. Le geste est souvent moins évident : ce n'est plus toute la main qui vient recouvrir la bouche, mais seulement un, deux ou trois doigts. Ou alors, il est carrément dévié vers le nez.

Se toucher le nez

Le signe du mensonge par excellence. Tout le monde fait un jour ou l'autre Pinocchio ! De nombreux psychologues se sont demandé pourquoi ce geste inconscient est depuis toujours associé au mensonge. Certains pensent qu'il est provoqué par des modifications physiologiques dans le tissu nasal. Quand on est sur le point de mentir, quand on ment, on stresse et, automatiquement, on a le nez qui picote. D'autres estiment que ce geste en camoufle un autre. On sent inconsciemment que l'on va se trahir en portant la main à sa bouche, alors on prolonge le mouvement et on se touche le nez comme s'il nous grattait. Le geste varie selon les cas ou les gens. Certains s'effleurent le nez du bout d'un doigt, d'autres le frottent avec le dos d'un doigt. D'autres encore se pincent rapidement les ailes du nez entre le pouce et l'index ou pressent brièvement la deuxième phalange de l'index contre une aile.

Se frotter l'œil

C'est un geste révélateur à double sens. On le fait quand on ment ou en face de quelqu'un qui ment. Quand il y a tromperie, on éprouve le besoin d'éviter le regard de l'autre. Parce qu'on a peur que l'autre voie qu'on ment. Ou alors parce qu'on ne veut pas lui montrer qu'on a compris qu'il nous ment. Alors on se frotte l'œil de l'index ou autour… C'est une manière discrète pour fermer les yeux ou regarder ailleurs.

Sourire sans les yeux

Un vrai sourire s'exprime par la contraction simultanée de deux sortes de muscles. Les grands zygomatiques qui relèvent les commissures des lèvres vers l'arrière. Et les orbiculaires inférieurs de l'œil qui plissent les paupières vers l'extérieur. Les premiers peuvent obéir à la volonté, pas les seconds. Quand on sourit seulement avec la bouche, c'est par politesse, par hypocrisie ou alors pour faire passer un gros mensonge.

Changer de comportement

Révélateurs aussi du mensonge, ils doivent retenir votre attention : toutes les attitudes et tous les gestes quand ils sont inhabituels. Par exemple, un patron, ou un ami, posé qui fait preuve soudainement d'un excès d'enthousiasme (tout à coup volubile, gesticulant). Ou, au contraire, un exubérant qui devient anormalement rigide (économise ses gestes, donne l'impression de bouger au ralenti). Ou encore un guindé qui prend une attitude hyperdécontractée (croise les jambes à l'américaine, ses mains sur sa nuque en levant les bras, etc.).

CHAPITRE 8

Apprendre à mentir vrai

Bien mentir est un art difficile surtout quand on n'en a pas l'habitude. Rares sont ceux qui mentent comme ils respirent. C'est une affaire de logique et de stratégie (on ne ment pas n'importe comment) mais aussi de nerfs, de maîtrise de soi (il est bien plus facile de mentir sur des faits ou des idées que sur ses sentiments). Voici de quoi peaufiner vos mensonges, les faire sonner juste, leur donner la simplicité de la vérité.

Se protéger dès le départ

Souvent, dans les débuts idylliques d'une relation amoureuse, d'une collaboration, on a tendance à passer à confesse. Pris d'une frénésie de vérité, on avoue ses fautes (passées) et ses faiblesses (chroniques), convaincu par exemple que notre patron nous apprécie malgré elles (d'ailleurs ne nous a-t-il pas engagé) et même plus encore à cause de l'aveu qu'on lui en fait, de la franchise qu'on lui prouve. C'est une façon de se refaire une virginité. On se veut neuf pour commencer une vie nouvelle. C'est une erreur. Tout ce que vous dites dans l'intensité initiale finit par vous retomber sur le nez. Dans un élan (irrésistible) de sincérité, vous reconnaissez avoir trahi une promesse.

Plus tard, dans un moment d'aigreur, l'autre (conjoint, patron, collègue, associé, client, fournisseur...) vous renvoie la balle méchamment : « Traître un jour, traître toujours ! » Vous cherchiez le pardon, l'amour rédempteur, vous avez fait naître le soupçon.

Mentir économique

Mark Twain disait : « La vérité est la chose la plus précieuse que nous ayons. Économisons-la. » C'est pareil avec le mensonge. Autrement dit, ne mentez pas quand rien ne vous y oblige. Si votre patron ou votre conjoint ne vous demande pas, par exemple, où vous avez passé la journée (ouvrable) d'hier, inutile d'aller lui raconter que vous étiez en clientèle, alors qu'un simple coup de fil lui permet de s'assurer du contraire. Dans l'absolu, la meilleure façon de mentir, c'est de ne rien dire. Mentir par omission vaut toujours mieux qu'une fausse déclaration (un mensonge en entraîne toujours un autre). Si vous devez raconter des histoires ou nier quelque chose qui vous est reproché, faites-le sobrement. Inutile de fabuler, de construire un roman.

Rester dans les limites du vraisemblable

Si vous ne pouvez pas faire autrement que mentir, le mieux c'est de coller autant que possible à la vérité. Même si dans bien des cas, « plus c'est gros, plus ça marche » reste vrai. Mais les excuses du genre « Ma grand-mère est morte » ou « J'ai été prise en otage par le forcené du Crédit Lyonnais » ne peuvent servir qu'une fois. Réservez-les pour des occasions exceptionnelles. Un bon mensonge doit toujours rester dans les limites du vraisemblable. De cette façon, il est invérifiable. En plus, vous gagnez en crédibilité. Surtout si vous le faites en forme de demi-aveu. La tactique consiste à avouer une partie désagréable de la vérité pour taire le plus important. Oui, vous reconnaissez qu'en sortant du bureau, vous êtes allée boire un verre avec Benoît. « On a beaucoup parlé, je n'ai pas vu l'heure passer. Vous ne m'en voulez pas ? » Vous révélez l'arbre (vous vous amusez bien avec Benoît...) pour cacher la forêt (vous êtes en train de monter une boîte concurrente).

Prévoir les questions

On se trahit plus facilement quand on improvise dans l'urgence. Sur le coup de la surprise, vous pouvez être en panne d'explications cohérentes, bafouiller, révéler votre trouble. Un mensonge, c'est comme un alibi. Ça se prépare. Vous devez prévoir les éventuelles questions (les essentielles), être en mesure d'y répondre de manière convaincante. Ne vous endormez pas sur le fait que votre conjoint, ou votre patron, n'est pas d'un naturel très curieux ou qu'il a autre chose à faire que vous fliquer. Il peut tout à coup avoir un gros soupçon, une crise de parano. Ou même vous poser sans s'en rendre compte une question très embarrassante.

Ne pas donner un luxe de détails

Toujours le même principe d'économie, de sobriété. Quand vous mentez, faites-le sur des points essentiels, ne rentrez pas dans les détails. Si vous racontez que vous avez démarché un nouveau client (c'est bien de connaître l'adresse de sa société, on ne sait jamais), mais ce n'est pas la peine de décrire l'immeuble ou de raconter le film de votre rencontre scène par scène. C'est bien connu dans les services de police. Les alibis trop bien ficelés sont les plus douteux. Personne ne se souvient complètement d'une semaine ou d'un jour sur l'autre de ce qu'il a vu ou entendu ou même fait à telle ou telle heure. Plus vous racontez, plus vous risquez de vous couper. Un bon mensonge a toujours des lacunes, des zones de flou. Vos mensonges seront plus crédibles si vous répondez « Je ne m'en souviens pas » ou « Je ne sais pas » à d'éventuelles questions de détail.

On ment moins par mail !

C'est la conclusion d'une étude menée aux États-Unis, par des psys de l'université Cornell. Ils ont demandé à des étudiants de noter scrupuleusement le nombre de mensonges dans leurs conversations téléphoniques ou dans leurs échanges d'e-mails durant plus de dix minutes. Résultat sans appel : plus à l'aise au téléphone, on est plus enclin à mentir ; en revanche, on ment beaucoup moins par mail parce que ça laisse des traces et donc pas moyen de nier d'avoir dit ce qu'on a dit.

(Source : NewScientist.com)

Contrôler son expression

Ce n'est pas facile de mentir même quand on croit en avoir l'habitude. On se sent un peu ou beaucoup coupable (surtout quand on imagine que l'autre n'est pas menteur). On a plus ou moins peur d'être confondu (ça dépend de l'enjeu du mensonge). Parfois aussi (plus rarement), on éprouve « le délice de tromper », la satisfaction de se jouer des autres, d'être plus fort qu'eux. Toutes ces émotions plus ou moins conscientes produisent des modifications involontaires de l'expression. Chez les enfants, le regard se fait fuyant, la voix devient plus aiguë ou mal assurée. En principe, les adultes se contrôlent mieux. Mais, souvent le mensonge se signale par un regard qui décroche, un raclement de gorge, une profonde inspiration (comme avant de plonger), etc. Pour bien mentir, vous devez repérer et éliminer vos signaux du mensonge. Un bon mensonge doit s'insérer naturellement dans une conversation. Dans l'idéal, il faut toujours mentir de près. Au téléphone, l'attention est plus focalisée sur votre voix, plus sensible à vos variations de ton. Pareil si vous mentez à votre patron d'un bureau à l'autre ou pire en lui tournant le dos. La meilleure manière de faire passer un mensonge, c'est de le regarder droit dans les yeux. Prenez exemple sur les hommes politiques.

Assumer ses mensonges

Quand on ment, on n'est pas sincère avec l'autre. La moindre des choses, c'est de l'être avec soi-même. Sinon, vous mentez deux fois. Vous mentez sur le moment avec bonne conscience en vous disant que l'autre ou la situation vous y oblige. Mais vous ne vous assumez pas comme menteur. Du coup (encore le poids de la culpabilité), vous oubliez que vous avez menti, et vos mensonges. Et puis, un jour, consciemment ou non, vous vous rétractez. Vous avouez avoir menti ou alors, « sans le faire exprès », vous révélez la vérité. Vous avez dit par exemple à votre patron que vous êtes resté chez vous bloqué par une gastro. Plus tard, il découvre que vous assistiez à un match à Roland-Garros. Non seulement, ça fait désordre, mais en plus, vous vous discréditez. Vous passez au mieux pour une tête de linotte, au pire pour un sournois. Bien mentir demande de la mémoire et du courage. Sinon, évitez. Vous faites deux fois plus de dégâts en ajoutant au mensonge la mauvaise foi.

Les garder pour soi

La culpabilité ou la satisfaction d'un mensonge réussi font qu'on éprouve souvent le besoin de confesser son mensonge à un tiers (quand on s'interdit de le partager avec sa victime). Évitez. En confiant vos mensonges, vous vivez dangereusement, vous vous exposez à des recoupements. Votre plus grand complice au bureau, (même aussi muet qu'une tombe), des gens en qui vous avez parfaitement confiance ne sont pas à l'abri d'une parole malheureuse. Et ne vous illusionnez pas sur le fait qu'il n'y a apparemment aucun rapport entre la personne à qui vous mentez et celle à qui vous confessez votre mensonge. Le monde est petit. Le hasard, ça existe. La malveillance aussi. Les meilleurs mensonges, comme les mauvais coups, se passent de confident.

Partie III

La gestion des conflits

CHAPITRE 9

S'imposer dans un groupe

Par définition, un groupe (une famille, une équipe, une entreprise…) est composé d'individus. Chacun étant unique (et nombriliste), nous avons tous tendance à penser que la qualité d'un groupe dépend des bonnes (ou des mauvaises) volontés individuelles. Mais ce n'est pas comme ça que ça se passe. Un groupe (n'importe quel groupe) fonctionne avec des lois internes qui surdéterminent les relations individuelles.

Certains patrons et chasseurs de têtes, par exemple, le savent bien quand ils privilégient la « personnalité » sur la « compétence technique ». Aujourd'hui, à un certain niveau d'enjeux (quand une embauche représente un risque de cent cinquante mille euros pour une entreprise avant retour sur investissement), un recrutement est souvent envisagé comme une tentative de greffe. D'un côté, des gens qui travaillent ensemble depuis plus ou moins longtemps ; de l'autre, un « inconnu ». Les risques : qu'un candidat, *a priori* très brillant, soit « nullifié » par le groupe ou, au contraire, qu'il déstabilise l'équipe en place.

Qui dit groupe dit aussi dominants et dominés. Bien sûr, on aimerait bien tous (enfin, presque tous) former une grande famille, mais la dure loi (darwinienne) de la nature fait qu'il y a nécessairement plus de dominés que de dominants (les armées où il n'y a que des colonels perdent les guerres, les autres aussi, mais elles ne le font pas exprès).

Vaut mieux être l'aîné !

C'est ce que montre une étude scientifique menée par Matthew Haley et Bruce Ellis, deux psys des universités de l'Arizona et de Christchurch, en Nouvelle-Zélande auprès de trois cent cinquante frères et sœurs. Ils ont constaté que les parents accordent systématiquement plus d'attention et de soin aux aînés, ce qui les rend consciencieux, respectueux des règles et performants. En revanche, les cadets sont plus rebelles et plus ouverts : ils vont chercher dans le monde extérieur l'attention qu'ils ne trouvent pas « at home ». Pour eux, il n'y a pas de règles rigoureuses, la nouveauté et les réseaux sociaux comptent davantage.

(Source : *Cerveau & Psycho*)

Une loi toute relative d'ailleurs. Des expériences réalisées sur des groupes de rats montrent que la proportion dominants/dominés est une valeur constante. Quand on élimine un dominant, un dominé prend automatiquement sa place. Et un autre rat prend celle du dominé. D'où « vient » cet autre rat ? Il appartient à une troisième catégorie : celles des rats qui meurent s'ils n'ont pas la chance qu'une place (de dominé) se libère.

Est-ce franchement différent chez les humains ? Pas vraiment. Une étude reprise par *Courrier international* montre que la proportion des « très riches » est une constante dans tous les pays (occidentaux aussi bien qu'en voie de développement ou profondément embourbés dans le tiers-monde) : 2,5 % des populations considérées.

Comment se débarrasser de ses injonctions négatives (et secrètes) ?

Certains ont une autorité naturelle. C'est vrai que c'est plus facile de s'imposer quand on mesure 1,80 mètre plutôt qu'1,65 mètre (avec talonnettes), qu'on a une voix grave plutôt qu'aiguë, des traits carrés plutôt que flous. Toutes les études psy menées dans ce domaine prouvent que plus une personne est athlétique (large d'épaules, musclée...), plus son visage est symétrique, plus elle est créditée de dominance. À ce point qu'on peut même prédire des résultats électoraux. C'est ce qu'a montré Alexander Todorov, un psy de Princeton. Il a demandé à des volontaires de se prononcer au seul vu de photographies, en noir et blanc, de visages de candidats inconnus. Dans 70 % des cas, le candidat perçu comme le plus compétent est bien celui qui a remporté l'élection !

Mais bon, les petits et les malingres ont aussi leurs chances. Toujours dans le domaine électoral, Daniel Benjamin du Darmouth College et Jesse Shapiro de l'université de Chicago ont montré qu'une allure, un maintien, une franchise du regard ou un sourire engageant faisaient aussi deviner la victoire. Au-delà de l'apparence physique, savoir s'imposer, ça dépend en fait d'un ensemble de facteurs : confiance en soi, expérience, assurance du discours...

Qu'est-ce qui vous en empêche ? Certainement pas les autres. Si vous n'arrivez pas à vous affirmer, si vous avez le sentiment de ne pas être apprécié à votre juste valeur, c'est que vous ne savez pas voir ou saisir les opportunités. Après coup, vous vous dites : « Je m'en suis aperçu trop tard », « Ça n'était pas le bon moment », « Je ne m'en sentais pas capable », « Je n'ai pas fait attention », « Je n'avais pas le temps », « Je ne voulais pas faire de vagues », « J'ai trop réfléchi », etc. Tout ça c'est du pipeau, des histoires qu'on se raconte pour se retrancher dans sa bulle tout en continuant à se croire ou se dire indispensable. La vérité, c'est qu'on est limité par nos propres conditionnements, coincé dans des rôles de dominés pour différentes raisons.

Adulte, nous gardons en nous les remontrances que nous avons subies dans notre enfance. Celles-ci remontent à la surface chaque fois que nous sommes confrontés à une nouvelle situation, face à un patron ou une personnalité « dominante ». Par exemple, on se dit : « Tu vas avoir l'air bête » ou « Tu n'y arriveras pas », etc. Un psychanalyste américain, Taibi Kahler, appelle ces injonctions, des « enregistrements mentaux » ou des « mini-scénarios ». Ce sont eux qui limitent nos possibilités, nous empêchent de nous affirmer. En tout, cinq injonctions secrètes qui correspondent chacune à un type de remontrance de la part des parents : à repérer pour se déprogrammer et mieux s'affirmer auprès des autres !

« **Sois fort** »

Sentiment associé : l'orgueil. On paraît toujours un peu distant, presque méprisant. On ne montre pas ses sentiments. On n'est pas à l'aise dans les compliments. On pense qu'on n'est pas apprécié à sa juste valeur... On reste en retrait pour éviter de se mettre dans une situation où l'on pourrait être rejeté.

« **Dépêche-toi** »

Sentiment associé : l'angoisse. On se plaint, on boude, on n'écoute pas, on parle sans cesse. On vit en état d'urgence. On s'efforce de faire un maximum de choses possibles dans un temps record. On ne s'affirme pas parce que cela remettrait en question beaucoup trop de choses dans notre existence.

« **Sois parfait** »

Sentiment associé : la honte. Profondément, on ne se sent pas à la hauteur, on doute de soi et de ses possibilités. On est « raide », on a du mal à s'adapter en société. Dans ce cas, on reste en retrait pour éviter de remettre en question ses critères de jugement, ses opinions et ses valeurs.

« **S'il te plaît** »

Sentiment associé : la peur. On s'efforce d'être gentil, aimable avec tout le monde, de se montrer agréable, d'aplanir les situations. On dit oui en pensant non. On ne s'affirme pas pour éviter les confrontations.

« **Fais un effort** »

Sentiment associé : la culpabilité. On ne croit pas en soi, on a peur de mal faire. On laisse passer les occasions en se disant que la prochaine fois sera la bonne. On ne va pas jusqu'au bout de ses intentions. On reste en retrait pour éviter de déclencher des sanctions en cas d'échec (« Je vais décevoir », « On va m'en vouloir », « Je vais souffrir », etc.).

Vingt-sept trucs pour « dominer » les autres

Dans un groupe (même à deux), il y a toujours des rapports de force (même quand les relations sont harmonieuses). La plupart du temps, on n'en a pas conscience car ces jeux subtils d'influence relèvent plus de la personnalité que du statut de chacun. Qu'est-ce qui fait que certaines personnalités s'imposent alors qu'elles n'ont pas de pouvoir réel (on voit des enfants manipuler leurs parents, des patrons dominés par leur collaborateur) ? Voilà tous les trucs et astuces dont se servent les Rastignac des temps modernes pour dominer les autres et réaliser leurs ambitions.

- Entretenez de bons rapports avec tout le monde. Paraître sympathique, c'est la première clef de la réussite.
- Respectez les convenances, les règles de politesse.
- Quand vous débarquez pour la première fois quelque part, jouez le « spectateur », observez pour apprendre qui est qui, qui fait quoi et avec qui, etc.

• Ne restez pas dans votre coin. Montrez-vous, attirez l'attention, multipliez les occasions d'affirmer votre « visibilité ».

Pourquoi il ne faut pas disparaître sous la moquette ?

Guéguen et Menieri, deux psys français, ont montré que le fait d'occuper une position centrale dans un groupe augmente nettement l'attention qu'on nous porte. Plus on tient la pole position, plus on est jugé favorablement en termes d'attrait physique, de sociabilité et de sex-appeal. La séduction, le leadership, c'est aussi une affaire de gestion de l'espace interindividuel.

Source : *Perceptual and Motor Skill*

• Trouvez-vous un signe distinctif (par exemple, Sapho et ses voilettes, Cindy Crawford et son grain de beauté, B.H.L. et ses chemises blanches col ouvert, Ardisson et ses tee-shirts noirs...).

• Soyez toujours attentif aux autres. À la longue, ils vous le rendent bien.

• Regardez les gens dans les yeux pour captiver les regards.

• Prêtez l'oreille à tout ce qui se dit, même les rumeurs. Toutes les informations sont exploitables pour affirmer votre pouvoir personnel ou retourner une situation, une opinion, en votre faveur.

• Rentrez toujours dans une conversation d'une manière originale. Évitez les phrases types, les lieux communs sauf si vous voulez parler la langue de bois (pour la méthode se reporter au chapitre 14).

• Formez les mots distinctement avec les lèvres quand vous parlez. Le mouvement des lèvres capte aussi l'attention.

• Parlez avec les gens des sujets qui les intéressent. Ne dites pas à un patron fan de foot que c'est un jeu idiot ou à une collègue qui a mis sa gamine à la danse classique que c'est complètement tarte.

Rira bien qui...

Savoir faire rire, c'est bien pour draguer (selon un sondage Ifop, 44 % des femmes seraient plutôt infidèles avec un homme « superdrôle » plutôt que sexy ou intelligent), mais pas seulement. De nombreux travaux ont montré que l'humour accroît considérablement l'attractivité d'une personne au plan social. Les hommes qui ont de l'humour sont systématiquement perçus comme plus sûrs d'eux et plus séduisants.

(Source : *International Journal of Humor Research*)

• Débrouillez-vous pour paraître toujours sincère particulièrement quand vous êtes de mauvaise foi. Taisez-vous si vous ne vous en sentez pas capable.

• Évitez les mouvements d'humeur et ignorez ceux des autres. Faites plutôt preuve d'humour.

• Gardez toujours l'initiative dans une discussion. Apprenez à faire diversion, à renvoyer la balle. Répondez à une question embarrassante par une autre question.

• Tenez-vous à l'écart des conflits. Défilez-vous quand ça vous concerne et ne prenez pas parti quand ça ne vous concerne pas.

• Sauf avec les brutes. Rentrez-leur tout de suite dans le chou, traitez-les durement, c'est le seul moyen d'établir le contact.

• Ne vous défendez jamais, particulièrement si vous êtes coupable. Comme ça, vous profitez toujours du bénéfice du doute.

• Ne refusez jamais une discussion surtout si vous n'êtes pas en bonne posture. Demandez à vos contradicteurs de prouver ce qu'ils disent, de vous donner des exemples concrets de ce qu'ils vous reprochent.

• Prenez un profil bas ou dételez quand vous n'êtes pas assez en forme pour faire face.

• Débarrassez-vous de vos manies (genre faire des nœuds avec vos cheveux ou vous mordre les lèvres) et de vos tics de langage (les « tu vois ce que je veux dire », « moi, je », « moi aussi », « ben... », etc.).

• Fabriquez-vous des « accroches » types pour aborder les gens et capter leur attention (par exemple, « J'ai rêvé de vous cette nuit, ça m'a fait tout drôle ») et changez-en régulièrement.

• Laissez croire aux autres que c'est vous qui pensez comme eux et pas eux qui pensent comme vous.

Pourquoi il ne faut pas avoir la grosse tête ?

Vous pensez être le meilleur dans votre job, vous n'arrêtez pas de vous vanter ? Mauvais pour votre carrière ! Une étude réalisée par des chercheurs américains montre en effet que les gens qui sont trop imbus de leur personne sont toujours très mal vus de leur entourage professionnel et de leurs supérieurs. Et cela est, évidemment, d'autant plus vrai que cette image d'eux-mêmes est loin de leurs performances réelles. De surcroît, cet excès d'estime de soi conduit souvent à des comportements plus agressifs et nuit à l'ambiance et au travail d'équipe. Alors, surestimez-vous un peu, c'est une clef du succès, mais pas trop. Reconnaître ses erreurs et ses faiblesses, c'est le meilleur moyen de les surmonter.

(Source : *Université de Floride*)

• Faites toujours vos propositions par deux (en présentant d'abord la moins intéressante). L'une paraîtra toujours plus séduisante et emportera l'adhésion.

• N'affirmez pas vos désaccords, ça ne fait que renforcer votre interlocuteur sur ses positions, l'ancrer dans ses préjugés. Faites preuve de mauvaise foi pour rapprocher les points de vue, trouver un consensus.

• Ne donnez jamais un ordre, n'imposez jamais une idée. Employez le « nous » pour faire croire à une décision prise en commun.

• Ne cédez jamais aux ultimatums, les affectifs comme les autres. Vous acceptez qu'on vous donne des directives pas des ordres.

• Ne vous endormez jamais sur vos succès. Cherchez toujours à prendre plus de pouvoir, à agrandir votre zone d'influence.

CHAPITRE 10

Désamorcer les agressions

Toujours de mauvaise foi ou de mauvaise volonté, mauvaise humeur ou mauvaise langue, ils nous prennent la tête et nous compliquent le boulot (et l'existence). Devant eux, on se sent désarmé, impuissant. On a envie de baisser les bras ou de leur voler dans les plumes. Eux, ce sont les « caractériels » du boulot et de la vie civile, autrement dit des gens difficiles. Tous ceux qui nous agressent ou nous manipulent, nous collent ou se défilent. Le patron qui fait son ayatollah, le client qui fait son roi, les collègues qui jouent les stars ou les victimes, le comptable qui fait semblant de ne rien comprendre, l'informaticien qui fait semblant de tout comprendre, etc. Avec eux, il n'y a que des problèmes, rarement des solutions. Rien n'avance, rien ne se fait, tout s'accouche dans la douleur. Ils ont le pouvoir de dire « non » et ils en abusent. Leurs « oui » cachent toujours des « mais » ou des « si », des « peut-être » et des « jamais ». Grâce à eux, l'enfer est pavé de bonnes intentions et la vie ressemble à un chemin de croix. On ferait bien sans eux, mais, hélas, ils sont incontournables. On ne choisit pas forcément ses interlocuteurs. À moins d'aller vivre de ses rentes sur une île semi-déserte du Pacifique ou comme un anachorète dans les grottes de l'Himalaya. Alors, comment faire ? Comment ne plus se sentir malmené, dévalorisé, submergé, frustré ? Comment rester positif, constructif ? Comment garder sa bonne humeur et son efficacité ? Pas simple en face d'un caractériel, mauvais coucheur ou mauvais joueur. Pourtant, il existe des méthodes. Inspirées des techniques de vente ou de management. Parce que tout ça finalement se résume à des problèmes de comportements et de communication. Les caractériels, c'est comme (presque) tout le reste, ça se gère. Pour cela, vous devez respecter quelques règles élémentaires (ça marche aussi avec votre conjoint ou votre banquier) et apprendre certaines stratégies pour faire face à tel ou tel comportement difficile.

Règle 1 : Éviter les réactions négatives

Devant un comportement difficile, une agression (directe ou voilée), une tentative d'intimidation ou de manipulation, une obstruction ou une dérobade, la première chose à faire consiste à éviter les réactions négatives. La plupart des problèmes qui se posent avec les caractériels provoquent nos sentiments d'impuissance et d'incompréhension. En général, dans ce type de situation, on a tendance à devenir soi-même agressif ou alors à renoncer, à se résigner ou à ruser. Mais, ni l'attaque, ni la soumission, ni l'hypocrisie, ne sont de réelles solutions. En réagissant de ces manières, vous pouvez sans doute affirmer (provisoirement) votre supériorité ou éviter (momentanément) les conflits. Après tout, pourquoi ne pas ignorer le comportement en question, répondre du tac au tac ou céder ? Mais à terme, ce type de réaction compromet toute coopération future. Délicat quand on est « condamné » à des relations suivies, quand on ne peut pas se passer des gens en question. Une réaction autoritaire (agressive), par exemple, peut obtenir des résultats à court terme. Vos interlocuteurs peuvent (eux aussi) se laisser intimider, céder à la pression. À long terme pourtant, vous pouvez être sûr que le travail ou le service demandés seront mal faits, vos projets retardés, vos efforts sabotés. Au pire, vous risquez de déclencher un processus d'escalade qui mène à une rupture plus ou moins brutale.

Idem pour les réactions soumises. À court terme, vos interlocuteurs penseront peut-être que vous êtes sympathique et coopératif. Mais ils vous respecteront de moins en moins et se feront un malin plaisir d'exploiter vos faiblesses, vos complaisances ou vos « lâchetés ». En plus, une attitude permanente de soumission suscite souvent chez les autres des tendances agressives. Inutile donc de tendre le dos pour vous faire battre.

Autre réaction négative : l'hypocrisie. Feindre des opinions, des sentiments qu'on n'a pas, flatter ou faire du chantage (à la sympathie, au charme...) pour obtenir ce qu'on veut, utiliser des tiers ou radio-couloir pour faire pression ou passer le message. Bien sûr, vous pouvez persuader les autres de penser ou de faire ce que vous voulez en leur faisant croire qu'ils en ont eu l'idée ou l'initiative. Mais, à long terme, ils réaliseront que vous les avez manipulés et vous en subirez les conséquences : représailles, perte de crédit, de confiance, etc.

Règle 2 : Comprendre les causes

En fait, les vrais caractériels sont rares. Bien sûr, on trouve partout des « petits chefs » terroristes, des faux-jetons notoires, des conjoints pervers, des mégalos ou des paranos de tout poil. Mais, les vrais salauds, les traîtres, ne courent pas les rues. En général, ce n'est pas la personne qui est en soi difficile, c'est son comportement.

Souvent, on croit que ce comportement est une marque d'animosité, une volonté de nuire. C'est rarement le cas. La plupart des comportements difficiles s'expliquent. Souvent par des raisons objectives. Divergence des personnalités, des valeurs, des intérêts. Différence d'appréciation des situations, des enjeux, des urgences, Les difficultés naissent généralement d'un désaccord sur les faits, les objectifs, les priorités, ou alors de malentendus, d'une mauvaise interprétation des motivations et des intentions. Souvent aussi, ce que l'on prend pour de l'entêtement chez l'autre, de l'hostilité ou de la mollesse, n'est en fait que l'expression de ses peurs ou de ses angoisses, d'un désarroi. Les comportements difficiles sont d'abord des manifestations défensives, autoprotectrices ou compensatoires. Ils cherchent à masquer, aux autres mais surtout à soi-même, des sentiments de faiblesse ou d'insécurité personnels. De là, les coups qui volent parfois très bas, les sarcasmes ou les humiliations, les marques d'insensibilité ou les perfidies.

Face à ce type d'attitudes, il faut toujours aller au-delà des apparences, tenter de se mettre à la place de l'autre pour comprendre ce qui est en jeu dans son comportement. Et puis aussi, remettre en question ses propres attitudes. Réfléchissez aux personnes que vous trouvez difficiles. Pourquoi est-ce que c'est souvent « les mêmes » dans les mêmes situations ? Pourquoi certains comportements vous affectent-ils plus que d'autres ? En quoi, d'ailleurs, vos propres comportements sont perçus, ressentis, comme difficiles par les autres ? Face à une personne difficile, il ne faut jamais oublier qu'on peut l'être aussi soi-même (difficile) pour d'autres. D'où la nécessité de ne pas confondre une personne avec son comportement, d'isoler le comportement de la personne pour ne pas jeter le bébé avec l'eau du bain.

Règle 3 : Adapter sa réponse

Les comportements difficiles auxquels nous sommes le plus souvent confrontés prennent généralement trois formes : l'agression directe, le harcèlement systématique et la résistance passive.

Pour contrer chacune de ces attitudes, il existe un certain nombre de techniques appropriées. Bien sûr, cela suppose dans un premier temps d'identifier d'une manière précise le comportement en question. Évident quand l'agression est directe, si l'autre vous traite de « nullos », vous menace ou vous humilie. Beaucoup moins, quand l'attaque est ambiguë (« Finalement, ça ne te va pas si mal que ça, les minis », sous-entendu « Qu'est-ce que tu fais ce soir ? » ou « Tu crois que tu peux avec tes fesses ? »), la critique voilée : « J'ai l'impression que ça n'avance pas bien vite, non ? », sous-entendu « C'est de votre faute » ou

« Vous ne foutez rien ». Encore moins évident quand votre interlocuteur est en apparence bien disposé à votre égard, vous donne l'impression d'être compréhensif et coopératif. « Écoutez, voilà ce qu'on va faire. Je vous fais un branchement provisoire, comme ça vous allez pouvoir en profiter tout de suite (de votre ordinateur mais sans son disque dur, du photocopieur mais sans la couleur, etc.) et dès que je rentre (à l'atelier, au bureau, au magasin...), je m'occupe de vous (trouver le câble, la pièce, le chaînon... manquant). » Trois semaines plus tard, vous êtes toujours sans disque dur, sans couleur.

Pire, les gens difficiles ne se contentent pas de faire des promesses qu'ils ne tiennent pas (ça fait combien de temps que vous attendez votre augmentation ?) ou de diminuer l'estime que l'on a pour soi en s'attaquant à notre amour-propre ou à nos compétences. Parfois, ils déclenchent des émotions et des réactions fortes, de colère ou de détresse. Mais, le plus souvent, leur influence est plus sournoise, c'est plus minant pour le moral. Ils sèment le doute, la confusion, ils affaiblissent la confiance que l'on a en soi, ils nous font perdre nos repères. Au bout d'un moment, on ne sait plus à quoi s'en tenir, on ne comprend plus ce qui se passe, on ne sait plus sur qui compter, à quoi s'attendre. D'où la nécessité de ne pas se tromper sur ce type de comportements, de les identifier clairement pour adapter son attitude, sa « réponse », en conséquence.

Comment neutraliser les comportements négatifs ?

Les comportements difficiles auxquels on est confronté le plus souvent dans le monde impitoyable des relations humaines relèvent de quatre catégories : l'agressivité, le mépris, la mauvaise foi et l'arrogance.

Les attaques personnelles

L'agressivité peut prendre une forme coercitive (« De toute façon, vous n'avez pas le choix, faites ce que je vous dis »), menaçante (« Pas de ce petit jeu là avec moi, je peux vous créer des problèmes »), ou vous culpabiliser (« Je vous avais prévenu, c'est de votre faute ! »).

Comment répondre ?

La technique consiste à désamorcer l'agression en misant sur le temps, l'écoute.

(1) Ne répondez pas immédiatement, laissez votre interlocuteur vider son sac. Ne vous défendez pas (vous n'êtes pas coupable) et surtout ne lui rendez pas la pareille (même si vous pouvez parce qu'il n'est pas votre patron). Gardez votre calme. Rompez le contact si vous êtes trop en colère, si vous n'arrivez pas à maîtriser vos émotions et vos réactions.

(2) Demandez des explications, par exemple : « Vous voulez dire que… », « C'est vraiment ce que vous pensez… », « Pouvez-vous m'en dire plus… ». En général, le fait d'être écouté sans être contredit est désarmant. Cela vous laisse en plus du temps pour réfléchir, avoir une meilleure idée du problème.

(3) Prenez acte des sentiments et des propos de votre « agresseur » et affirmez votre point de vue : « Je comprends bien votre position (vos sentiments, vos idées, vos réticences, que vous soyez mécontent…) mais je pense que… »

(4) Si l'agression se poursuit, vous pouvez soit réaffirmer « en bloc » votre position (« Je continue à penser que... »), soit attirer l'attention sur une amélioration, une évolution positive : « Vous avez sans doute raison, mais vous pouvez constater qu'il y a là (dans la situation, votre comportement, etc.) un progrès ».

(5) Si malgré tout, l'agression se poursuit, exprimez clairement à votre interlocuteur à quel point son attitude vous affecte (parlez sentiments : vous vous sentez blessé, vous avez de la peine, ça vous met en colère...) et les conséquences qu'elle peut entraîner s'il persiste (« Je préférerais éviter qu'on ait recours à un tiers (votre patron), qu'on en arrive à une rupture »). Encouragez-le à parler de ses propres sentiments pour expliquer la « violence » de son attaque : « Je comprends que vous ne m'aimiez pas mais... nous avons déjà fait du bon travail ensemble » ou « j'ai toujours fait tout mon possible pour que vous ayez une meilleure opinion de moi ».

(6) Mettez fin au contact, et à la relation, si vous n'obtenez toujours pas de résultat, si votre « agresseur » récidive d'une manière systématique.

Les réflexions blessantes

Racistes, sexistes, humiliantes à un titre ou un autre (vos compétences, votre physique, votre look...), les réflexions blessantes ont toujours plus d'impact quand elles touchent à vos points faibles. Elles peuvent être verbales, votre interlocuteur emploie un ton condescendant en insistant (lourdement) sur certains mots, ou non verbales : votre interlocuteur lève les yeux au ciel, hausse les épaules ou soupire en prenant (silencieusement) les autres à témoin (genre : « Celle-là, il n'y a rien à en tirer »). Devant ce type de vexation, on craint souvent de mal interpréter le message (et de passer pour parano) ou de réagir de façon excessive (et de passer pour hystérique). Alors, on laisse filer.

Comment répondre ?

Deux possibilités. Premier cas : l'attaque est directe, en clair (pour vous et les autres). La première chose à faire consiste à dire à l'autre ce que l'on ressent.

Par exemple : « Je me sens blessé par vos réflexions (votre attitude). Que voulez-vous dire exactement ? » Le plus souvent, l'autre s'en sort par une pirouette (il plaisantait) ou alors il confirme et ça devient une attaque personnelle.

S'il « plaisante », prenez acte et répétez ce que vous ressentez : « Pour vous, c'est peut-être une plaisanterie mais pour moi… » En principe, cela devrait suffire.

Deuxième cas : l'attaque est indirecte, ambiguë ou sous-entendue (genre : « J'ai l'impression que ça n'avance pas bien vite, non ! », sous-entendu, « Vous ne fichez vraiment rien »). Première chose à faire, prêcher le faux pour savoir le vrai, par exemple : « Vous voulez dire que je ne travaille pas assez (ou assez vite) » ou « … que je ne maîtrise pas la situation », etc. Résultat : ou votre interlocuteur fait une véritable critique (constructive) ou il confirme son hostilité (les attaques personnelles).

Souvent, on ne répond pas immédiatement à ce type de remarques (elles nous coupent le souffle, il y a plus urgent…). Mais, il n'est jamais trop tard. En fait, il ne faut rien laisser passer qui dévalorise, sape la confiance ou l'image de soi (sous peine de récidive). Et toujours rappeler que chacun a droit au respect et comment on souhaite que l'autre se comporte à l'avenir.

La mauvaise foi

Le comportement le plus fréquent (et le plus désespérant) dans le travail. Entre ceux qui disent oui à tout (mais qui n'en pensent pas moins et n'en font pas plus, plutôt moins). Ceux qui manipulent, qui font croire qu'ils n'ont jamais le temps (« Tu comprends, Machin m'a demandé un mémo pour midi, c'est prioritaire ») ou les moyens (« Mon disque dur s'est planté, le temps de retrouver les fichiers, j'en ai bien pour la journée »). Ceux qui fuient tout simplement (en jouant les distraits, les étourdis, les imbéciles, etc.). On n'est vraiment pas aidé.

Comment répondre ?

Devant ce type d'attitude, il faut d'abord éviter de tomber dans le piège qui consiste à « démasquer » votre interlocuteur. Il « bloquera » si vous lui mettez le nez dans sa mauvaise foi, si vous le prenez à défaut. Ensuite, une seule technique, simple mais terriblement efficace : celle du « disque usé ». Elle consiste à répéter inlassablement votre demande (en gardant la même intonation) en mettant en avant la « position » de celui qui manipule ou se défile. Exemple : « Je comprends très bien que vous soyez occupé (débordé, que votre disque dur est fragmenté...) mais j'ai absolument besoin de... » Généralement, ça marche, l'autre finit toujours par céder à l'usure. Persévérez jusqu'à ce que vous obteniez ce que vous voulez.

L'arrogance

Patrons tyranniques, clients despotiques, créatifs « géniaux », l'arrogance est un travers fréquent chez tous ceux qui détiennent un pouvoir, un savoir ou un talent incontournable. Évidemment, ils sont exceptionnels, évidemment, ils ne se prennent pas pour des riens. Forcément, ils usent et abusent de leur position (réelle ou fantasmée) de supériorité. Ils vous regardent de haut, vous traitent (plus ou moins consciemment) au mépris. Devant eux, on se sent toujours mal à l'aise même si on n'a rien à se reprocher, même si on n'a rien à leur envier.

Comment répondre ?

Devant ce type d'attitude, il n'y a pas trente-six solutions, une seule méthode : leur rentrer dans le chou. En prenant les formes bien sûr (surtout si c'est votre patron). Pas d'injure ou d'attaque personnelle mais une saine confrontation, franche, directe. Exemple : « Vous êtes sans doute une star (une flèche, etc.) dans votre domaine, mais ce n'est pas une raison pour... » Principe : une star (quelqu'un qui se prend pour) n'a de respect que pour ceux qui s'opposent, résistent (à condition de reconnaître son statut de star). Rien n'est possible avec une « star », ni une vraie communication ni une réelle coopération, sans cette confrontation préliminaire. Courage donc. De toute façon, vous ne pouvez pas faire autrement. Vous devez risquer le clash, friser la rupture. Vous n'avez rien à perdre, tout à gagner.

CHAPITRE 11

Neutraliser les personnalités toxiques

Qui vous veut du bien, qui s'en fiche, qui attend pour ricaner que vous vous cassiez la figure (au propre et au figuré) ? Sur qui vous pouvez compter, qui va vous laisser tomber, voire vous planter un couteau dans le dos ? Pas forcément ceux que vous croyez. En général, quand on a un peu de bouteille, on arrive avec le temps à cerner à peu près les gens avec qui on vit ou on travaille régulièrement. Mais souvent, le temps, on ne l'a pas justement, et souvent aussi les signaux sont brouillés. Comment repérer les empêcheurs de tourner en rond, neutraliser les toxiques ? Vous pouvez faire ça au feeling (si vous avez un très bon feeling), mais vous serez nettement plus efficace en adoptant les cribles de la psychologie comportementale. Depuis plus de quarante ans, médecins, psychologues et psychiatres du monde entier collaborent, en échangeant leurs informations, afin de définir des normes de personnalité valables au plan international. Le résultat de leurs observations est régulièrement publié, par l'American Psychiatric Association, dans un gros ouvrage, qui fait référence auprès des professionnels : le *DSM IV* (*Manuel diagnostique et statistique des troubles mentaux,* éditions Masson). Les questionnaires suivants sont établis sur cette base.

Comment repérer et gérer les caractériels ?

Un vaniteux

Cochez chaque fois que c'est « oui ».

- ❑ Il s'offusque ou s'énerve chaque fois que vous lui faites une suggestion ou soulevez une objection.
- ❑ Il ne vous dit bonjour ou il ne vient vous parler seulement quand il a quelque chose à vous demander.
- ❑ Il surestime sans cesse son rôle ; si quelque chose se fait, un contrat se signe, un projet se réalise, c'est toujours grâce à lui.
- ❑ Il se plaint sans cesse de ses supérieurs : les ventes exploseraient, la boîte irait beaucoup mieux, si on l'écoutait, suivait sa stratégie commerciale.
- ❑ Il raconte souvent qu'il est chassé (ou qu'il va devenir calife à la place du calife très bientôt).
- ❑ Il s'étonne de ne pas recevoir de prime quand ses résultats sont médiocres (ce n'est pas de sa faute, c'est celle du marché).
- ❑ Il parle souvent pour ne rien dire, pour retenir l'attention, fait les questions et les réponses, rit de ses propres plaisanteries.
- ❑ Il n'écoute jamais vraiment, termine souvent les phrases des autres, leur coupe fréquemment la parole, fait des digressions, etc.
- ❑ Bureau, voiture de fonction, assistante, avantages, etc., il trouve toujours qu'il mérite plus, mieux, que ses pairs.
- ❑ Il est jaloux des succès des autres ; il les minimise systématiquement, les attribue à la chance plutôt qu'à leurs mérites.

Comptez vos « oui ». Au moins 5, pas de doute, c'est un vaniteux.

Comment le gérer ?

Un vaniteux, c'est quelqu'un qui fondamentalement n'est pas sûr de lui, qui a besoin de se survendre en permanence, quitte à débiner les autres, pour se rassurer et se faire apprécier. La bonne attitude avec lui : vanter ses qualités (avant qu'il le fasse lui-même), reconnaître ses mérites (quand il en a), mais toujours insister sur le rôle joué par les autres et mettre l'accent sur les résultats obtenus par l'équipe.

Un égoïste

Cochez chaque fois que c'est « oui ».

- ❑ Il ne peut s'empêcher de commencer toutes ses phrases par « Je » ou par « Moi, je... ».
- ❑ En cas de succès, il s'attribue tout le mérite, passe sous silence ou minimise le rôle joué par les autres.
- ❑ En cas d'échec, il ne reconnaît jamais ses responsabilités et rejette systématiquement la faute sur les autres.
- ❑ Il fait croire qu'il n'a jamais le temps (« Tu comprends, Machin m'a demandé un mémo pour midi, c'est prioritaire ») ou les moyens (« Mon disque dur s'est planté, le temps de retrouver les fichiers, j'en ai bien pour la journée ») pour se défiler chaque fois qu'on lui demande un coup de main.
- ❑ Il ne tient jamais compte de l'emploi du temps des autres, par exemple il fixe des tâches ou des rendez-vous au dernier moment sans concertation.

- ❑ Il fait souvent intrusion dans votre bureau ou votre salon avec son problème du moment sans se soucier de savoir si vous êtes déjà occupé (par exemple, il vous parle alors que vous êtes déjà au téléphone).
- ❑ Il ne s'excuse jamais en cas d'erreur.
- ❑ Il ne propose jamais de rapporter un café, une salade ou un sandwich.
- ❑ Il ne comprend pas quand quelqu'un annule un rendez-vous parce qu'il a, par exemple, une urgence familiale.

Comptez vos « oui ». Plus de 4, pas de doute, c'est un égoïste.

Comment le rendre plus participatif ?

C'est un problème de limites. Vous devez établir des règles de fonctionnement claires : tout le monde a des obligations, ça se passe mieux quand chacun y met du sien, etc. Et les lui rappeler chaque fois qu'il les outrepasse. Formulez toujours aussi vos demandes de manière précise et limitée, par exemple : « Occupe-toi de ce dossier s'il te plaît » et pas « Ça serait bien qu'un jour, tu t'occupes de ce dossier ». Et ne le laissez jamais se poser en victime, renvoyez-le systématiquement à ses responsabilités.

Un psychorigide

Cochez chaque fois que c'est « oui ».

- ❑ Il peaufine tellement ce qu'il fait qu'il ne tient pas les délais, met tout le monde en retard.
- ❑ Il se noie dans les détails (fait des listes, des inventaires...), les procédures, en oubliant le but final.

- ❑ Il ne délègue que contraint et forcé parce qu'il a la conviction que les autres ne feront pas les choses correctement.
- ❑ Il ne pense qu'au travail, à la productivité, il ne prend pas le temps de boire un pot ou de faire une bonne bouffe.
- ❑ Il évite, repousse, met des jours à prendre des décisions (il a toujours très peur de se tromper) ou ne revient pas sur ses décisions.
- ❑ Il se montre trop scrupuleux, très moralisateur, donneur de leçons.
- ❑ Il n'est pas très chaleureux, démonstratif, même avec les personnes qu'il trouve sympathiques.
- ❑ Il est avare de son temps (et de son argent) quand il n'y a pas de compensation à la clef.
- ❑ Il est incapable (plus ou moins) de jeter tout ce qui ne sert plus à rien : vieux trombones, docs obsolètes, machines HS.

Comptez vos « oui ». Au moins 5, pas de doute, vous avez affaire à un psychorigide.

Comment l'assouplir ?

En l'aidant à hiérarchiser les priorités. Car, comme il vit en permanence sous pression, il ne sait pas faire la différence entre l'urgent et l'important. Par exemple en lui fixant des quotas : tant de temps pour faire ceci ou cela, et à relativiser : les choses doivent être faites, elles doivent être bien faites, mais elles n'ont pas besoin d'être parfaites du premier coup : elles peuvent être améliorées au fur et à mesure.

Un fainéant

Cochez chaque fois que c'est « oui ».

- ❑ Il remet systématiquement au lendemain ce qu'il a à faire (donc ne tient pas les délais).
- ❑ Il ergote, râle, boude quand vous lui demandez de faire des choses qu'il ne veut pas faire.
- ❑ Il traîne (délibérément) ou bâcle quand il n'a pas envie de faire quelque chose.
- ❑ Il se plaint tout le temps que tout le monde lui en demande toujours trop.
- ❑ Il ne fait pas certaines choses en prétextant les avoir « oubliées ».
- ❑ Il est persuadé qu'il travaille beaucoup mieux que ce que les autres croient.
- ❑ Il se vexe quand vous lui faites des suggestions pour être plus efficace.
- ❑ Il ralentit le travail des autres en ne faisant pas ce qu'il a à faire.
- ❑ Il critique (ou méprise en silence) tous les chefs, simplement parce que c'est des chefs.

Comptez vos « oui ». Plus de 4, votre bonhomme est un tire-au-flanc.

Comment le mettre au boulot ?

Une seule technique, simple mais terriblement efficace : celle du « disque usé » (cf. chapitre 10). Elle consiste à répéter inlassablement votre demande en gardant le même ton monotone (ni énervé ni découragé). Exemple : « Je comprends très bien que tu soie débordé,, que je te demande beaucoup, mais j'ai absolument besoin que tu... » Épuisant, vous êtes obligé de vous répéter sans cesse, mais un fainéant finit toujours par céder à l'usure.

Une brute

Cochez chaque fois que c'est « oui ».

- ❑ Il s'exprime souvent d'une manière coercitive (« De toute façon, vous n'avez pas le choix, faites ce que je vous dis »), menaçante (« Pas de ce petit jeu là avec moi, je peux vous créer des problèmes ») ou culpabilisante (« Je t'avais prévenu, tout est de ta faute »).
- ❑ Il est tout le temps sur votre dos et ensuite il vous reproche de ne pas finir dans les temps.
- ❑ Il lève souvent les yeux au ciel, hausse les épaules ou soupire en prenant (silencieusement) les autres à témoin (genre : « Celui-là, il n'y a rien à en tirer »).
- ❑ Il vous hurle dessus devant tout le monde quand il a des reproches à vous faire ou chaque fois que vous faites une erreur au lieu de vous prendre entre quatre yeux.
- ❑ Il ne vous félicite jamais, ne reconnaît jamais vos mérites, mais vous exhorte à en faire toujours plus.
- ❑ Il vous reproche (fait votre procès pendant des heures) le moindre manquement et n'oublie jamais de vous le rappeler.
- ❑ Il ne trouve jamais de solutions quand vous avez un problème personnel ; il se retranche toujours derrière des principes, des règles.

Comptez vos « oui ». Plus de 3, c'est sûr, c'est une brute.

Comment le désamorcer ?

Ne vous défendez pas (vous n'êtes pas coupable) et surtout ne contre-attaquez pas (même si vous pouvez parce qu'il n'est pas votre patron). Gardez votre calme. Rompez le contact si vous êtes trop en colère, si vous n'arrivez pas à maîtriser vos émotions et vos réactions. Exprimez clairement à votre interlocuteur à quel point son attitude vous affecte (vous vous sentez blessé, ça vous met en colère…) et les conséquences qu'elle peut entraîner s'il persiste (« Je préférerais éviter qu'on ait recours à un tiers (son patron), qu'on en arrive à une rupture »).

Un salaud

Cochez chaque fois que c'est « oui ».

- ❑ Il fait courir des rumeurs sur les gens dont il veut se débarrasser (souvent vos proches) ; il insinue par exemple qu'Untel est alcoolique, qu'il se drogue, qu'il a un faible pour les petits garçons.
- ❑ Il vous fixe systématiquement des objectifs impossibles pour pouvoir vous accuser d'incompétence parce que vous ne les tenez pas.
- ❑ Il fait souvent en public des réflexions désobligeantes, voire humiliantes, sur votre physique ou votre look (celui des autres aussi).
- ❑ Il vous enfonce systématiquement (« Pour votre anniversaire, on vous offrira des neurones ! »), fait des comparaisons en votre défaveur (« Martin, lui, c'était une flèche »).
- ❑ Il vous fait toujours miroiter monts et merveilles, un voyage, un mariage, une promo, une augmentation, un partenariat, mais au final vous n'avez jamais rien.

❑ Il vous donne sciemment de fausses informations pour vous pousser à la faute.

❑ Il a du mal à cacher sa satisfaction chaque fois que vous vous plantez, même si c'est au détriment de l'intérêt de votre couple, de l'équipe ou de ses propres intérêts.

❑ Il vous demande si vous êtes intéressé par le poste de Martin et ensuite, il va raconter à Martin que vous voulez lui piquer son fauteuil.

Comptez vos « oui ». Plus de 3, vous avez affaire à un sale type.

Comment le neutraliser ?

En fuyant s'il a le pouvoir parce qu'à terme vous êtes toujours perdant. Faites-vous muter, changez de boîte, etc. Si ce n'est pas possible, débrouillez-vous pour ne pas entrer dans son jeu, lui donner prise : restez froid, n'entrez jamais dans la confidence, gardez vos états d'âme pour vous, posez des limites (par exemple, vous avez comme principe de ne jamais parler des absents) et faites-lui tout signer (comptes-rendus de réunions, directives, bons de commandes, etc.).

Un paranoïaque

Cochez chaque fois que c'est « oui ».

❑ Quand son ordinateur bugue, il vous soupçonne d'avoir balancé un virus sur son disque dur (ou s'il n'y a plus de chocolat, que vous l'avez planqué).

❑ Il contre-attaque très vite quand vous lui demandez pourquoi il n'a pas appelé pour prévenir qu'il ne repasserait pas au bureau (ou qu'il rentrerait en retard).

- ❑ Quand vous oubliez de le mettre en copie, d'un mémo, d'un mail (ou de le prévenir que votre maman va passer ce week-end), il imagine que vous lui cachez des informations, que vous lui tendez un piège.
- ❑ Il vous rappelle sans arrêt la fois, il y a des mois de ça, où vous avez planté une présentation parce que vous aviez perdu des documents (ou la fois où vous avez oublié son anniversaire).
- ❑ Quand votre meilleur client arrive tout souriant, il imagine tout de suite qu'il est en train de passer à la concurrence (ou s'il vous voit parler avec quelqu'un, que vous allez coucher avec lui).
- ❑ Il s'imagine toujours que quelqu'un a des vues sur son poste, son assistante, sa place de parking, etc.
- ❑ Quand vous lui demandez quelque chose, il vous répond toujours « Pourquoi tu veux savoir ça ? » ; il a peur, s'il vous livre des informations, que vous les utilisiez contre lui un jour ou l'autre.

Comptez vos « oui ». Plus de 3, pas de doute, c'est un parano.

Comment le rassurer ?

En abondant dans son sens. Bien sûr, il a des ennemis, des gens qui disent du mal de lui, qui lui en veulent, des concurrents ou des rivaux, qui attendent qu'il commette une faute pour prendre sa place. Mais comme tous les gens qui comptent, pas plus, et il n'a pas que des ennemis, ne serait-ce que parce que ses ennemis ont aussi des ennemis qui pourraient se révéler des amis pour lui s'il leur faisait un peu plus confiance.

Chapitre 12

Faites-vous des ennemis

Les affinités, ça existe. On ne peut pas plaire, être sympathique, à tout le monde. À moins d'être sans caractère, passe-partout. Et encore. Ceux qui ont du caractère détestent ceux qui en manquent. Souvent, on est trop gentil. On se dit qu'on ne veut pas faire de peine, de vagues. On laisse filer. On se montre compréhensif, conciliant. On s'accommode de nos antipathies. On passe sur les comportements, les réflexions, désagréables ou odieux. Votre patron se cure le nez avec délectation une fois sur deux quand vous êtes en entretien. Votre « binôme » vous fait poireauter trois jours sur un dossier urgent, sur le thème « Je m'en occupe tout de suite, j'en ai pour une heure ». Votre chéri vous fait poireauter tout un week-end sur le thème « On se voit demain, je t'appelle ». Vous laissez faire. Après tout, chacun a le droit de régresser ou de faire des caprices. À la longue, évidemment, ça vous porte sur les nerfs.

C'est vrai que l'amabilité, la politesse arrondissent bien des angles, rendent en apparence les choses plus faciles. Faut-il vraiment pousser le tact, l'indulgence, jusqu'à l'hypocrisie ? On croit que ça rend la vie avec les autres plus agréable. C'est faux. En surface seulement, les rapports sont plus détendus. Au fond, c'est souvent la haine. On rumine ses mauvaises humeurs, des ressentiments, des jalousies, des rivalités. Un vrai chaudron de sorcière qui finit un jour par exploser ou qui nous empoisse à petit feu. Il n'est pas souhaitable, ni pour soi ni pour les autres, de tout accepter, d'être gentil toujours avec tout le monde. Surtout qu'une amabilité de chaque instant cache généralement son contraire. C'est souvent le signe d'une agressivité refoulée. Méfiez-vous des trop doux, des trop calmes. Leur agressivité s'exprime d'autant plus brutalement qu'elle se manifeste rarement.

Vouloir être aimé par tout le monde, c'est de la vanité mais aussi de la faiblesse. On a peur si on montre son désaccord ou une hostilité de principe d'être rejeté. On a peur que les autres disent du mal de nous ou qu'ils nous compliquent l'existence. Alors, on ne se fâche pas. On la joue à l'américaine. Le monde est une caméra : souriez, s'il vous plaît ! En espérant comme ça ne pas se faire d'ennemis, se créer des problèmes. Là encore, on se trompe. Les antipathies, les incompatibilités objectives ou les rivalités d'intérêts, ça existe aussi. C'est tarte de jouer les gentils. Ça n'empêche pas qu'on dise du mal de vous dans votre dos ou qu'on vous mette des bâtons dans vos roues. Alors autant avouer vos préférences, affirmer vos différences.

Faites-vous des ennemis. C'est utile et c'est plus sûr (particulièrement quand on fait carrière). Qui n'a point d'ennemi est fort à plaindre.

Dix bonnes raisons de se faire des ennemis

1/ Ne plus se faire avoir

Quand on est prêt à se faire des ennemis, on devient beaucoup plus exigeant. On ne laisse plus, au resto, le serveur nous refiler un vieux steak à peine décongelé, la femme de ménage compter dans ses heures celles passées devant votre télé, ou Dugenoux récupérer son dimanche dans la semaine sous prétexte que ce jour-là il a emporté du travail à la maison. Avec une réputation de coriace, on est toujours mieux servi. Votre patron (votre coiffeur, votre dentiste...) ne vous donne plus des soi-disant rendez-vous où il faut poireauter une demi-heure et plus.

2/ Être respecté

Plus vous avalez de couleuvres sur le thème « tout le monde il est beau, il est gentil, ne faisons pas de vagues », plus on vous en donnera à avaler. Se faire des ennemis, c'est poser des limites. Avouer en avoir, c'est affirmer des valeurs, des principes. Dans votre job ou dans votre vie, les autres y regardent à deux fois. Quelqu'un qui a le courage d'avoir des ennemis inspire toujours le respect, mérite plus d'estime et d'attention. On ne vous raconte plus, on ne vous demande plus n'importe quoi (enfin, moins). On a plus d'égards pour vous, on prend plus de gants. À la longue, votre patron (ou votre moitié) ne pense plus à vous dès qu'il y a un sale boulot ou une corvée à faire, vos collaborateurs se défilent moins, etc.

3/ Éviter les clashs

Mieux vaut un vrai ennemi qu'un faux ami. À force d'être toujours aimable avec quelqu'un, on finit par ne plus le supporter, par ne plus se supporter. Forcément, un jour ça pète. Et ça pète d'autant plus fort qu'on a supporté trop longtemps. Quand on passe son temps à aplanir les situations, à se montrer agréable avec tout le monde, souvent on ne règle pas les vrais problèmes. On évite de confronter ses principes, ses idées, ses méthodes, avec ceux des autres. On laisse pourrir. Après, c'est trop tard. La situation, la relation, dépasse un point de non-retour. Quand ça explose, plus rien n'est possible, plus rien n'est récupérable.

4/ Gagner du temps

Les faux amis sont toujours de redoutables « chronophages ». Ils vous bouffent votre temps. Raison de plus d'en faire des ennemis. Un ennemi, il ne lui vient pas à l'idée de s'incruster. Il n'envahit pas votre bureau ou votre téléphone au prétexte de vous aider. Il ne vous inonde pas d'invitations à des soirées, des week-ends, voire même des vacances, où vous n'avez aucune envie d'aller. Moins vous avez de gens qui vous « aiment », plus vous avez de temps pour vos loisirs ou à consacrer aux personnes que vous aimez vraiment.

5/ Garder la forme

Avoir des ennemis, c'est bon pour la forme, au physique comme au moral. Ça oblige à être vigilant, lucide, à avoir des réflexes, de la répartie. Quand on sait qu'on a des ennemis, on fait plus attention (ils nous veulent souvent du mal) à ce qu'on fait ou ce qu'on dit. C'est bon pour la confiance en soi aussi. Ça oblige à faire face, à oser. Oser dire non, être contre, oser les confrontations. Le courage croît en osant comme la peur en hésitant. L'emporter sur ses ennemis, même pour un mince avantage, procure toujours des satisfactions d'amour-propre. Sans doute parce qu'à vaincre sans péril, on triomphe sans gloire. Et, perdre (on ne peut pas gagner à tous les coups) forge le caractère.

6/ Canaliser son agressivité

Les ennemis, c'est pratique aussi comme têtes de Turc. Avoir quelques ennemis sous la main, ça vous permet de décharger votre animosité quand vous en avez besoin. Une soupape de sécurité en cas d'humeur de chien ou envie d'exploser. Des cibles toutes prêtes, vous savez à qui vous en prendre. Comme ça vous ne débordez pas dans votre famille ou sur vos amis. Vous ne faites pas de la peine à ceux qui vous aiment ou qui ne vous ont rien fait. Vous n'agressez plus votre conjoint qui-n'y-est-pour-rien ou vos amis d'enfance simplement parce que vous avez besoin de vous défouler de tout ce que vous avez encaissé au bureau et qu'ils se trouvent là au mauvais moment.

7/ Apprendre des choses sur soi

« De leurs ennemis, les sages apprennent bien des choses », disait Aristophane. Surveillez vos ennemis. Ils voient les premiers vos défauts. Ça vous permet de les corriger et de donner moins prise aux critiques. Souvent, en plus, vos ennemis sont les premiers informés de tout ce qui peut vous faire du tort, tourner mal pour vous (forcément, ça les démange, ça les arrange). En étant attentif à vos ennemis, vous pouvez anticiper les événements désagréables, les éviter ou les minimiser.

8/ Savoir à qui faire confiance

Qui trop embrasse mal étreint. Quand on n'a que des « amis », on n'aime pas vraiment. Avec des ennemis, nos amours, nos amitiés, deviennent plus précieuses. On connaît mieux ses amis, on apprécie plus ses réelles amours quand on se connaît des ennemis. Non seulement parce qu'on a plus de temps pour en « profiter » ou parce qu'on en a plus besoin (pour se protéger ou se consoler de ses ennemis). Mais également pour la tranquillité d'esprit. On sait (presque) une fois pour toutes à qui on peut faire confiance. Quand ce n'est pas clair dans notre tête, quand on ne sait pas ou plus qui est qui, on doute parfois de ses vrais amis et on s'illusionne souvent sur les faux.

9/ Faire parler de soi

Nos ennemis font beaucoup pour notre pub. Grâce à eux, notre « réputation » dépasse les frontières naturelles du proche (du quartier, de la ville, du service, de l'étage ou de l'entreprise). En disant du mal de nous, ils égratignent notre image de marque, mais, surtout, ils nous font gagner en notoriété d'une manière incomparable. On prête toujours plus d'attention aux mauvais propos qu'à des bons. Pour se faire connaître, tout le bien que peuvent dire nos amis ne vaut pas le mal dit par un ennemi. Autrement dit, de vos amis, dites du bien, de vos ennemis ne dites rien (sauf à vos amis). Ne contribuez pas à leur propre notoriété.

10/ Se faire de nouveaux amis

Selon le principe : les ennemis de mes ennemis sont mes amis. Rien de mieux que quelques ennemis pour se faire de nouveaux amis. Vos ennemis travaillent pour vous. En se répandant sur votre compte, non seulement ils vous font connaître mais, en plus, ils vous attirent des sympathies. Tous ceux qui les détestent (ils sont nombreux) ont automatiquement des préjugés favorables sur vous. On s'entend toujours mieux sur le dos d'un tiers. C'est bien connu en politique où l'on désigne toujours un ennemi pour mieux rassembler ses « amis ».

Les ragots nourrissent l'amitié

Vous voulez vous faire de nouveaux amis, resserrer les liens avec une « vieille » copine, rien de mieux qu'une bonne séance de ragots à la machine à café ou au bistrot. C'est la conclusion d'une étude menée par Jennifer K. Bosson, psychologue de l'université de l'Oklahoma qui a étudié le rôle social des ragots dans la construction des relations. Elle a montré que, quand on partage les mêmes sentiments négatifs pour un tiers absent, ça favorise les rapprochements spontanés. On se sent plus complice (le vieux principe : les ennemis de nos ennemis...) ou plus vite quand on rencontre quelqu'un pour la première fois. Et d'enfoncer le clou : si les médisances sont, d'ailleurs, si répandues dans les relations amicales où il est de rigueur de casser du sucre sur le dos des tiers, ce n'est certainement pas sans raison...

(Source : Personnal Relationships)

Comment se faire rapidement des ennemis ?

Cherchez-les d'abord dans vos « amis ». Comme disait Chamfort : « Vous avez toutes sortes d'amis : vos amis qui vous aiment, vos amis qui ne se soucient pas de vous, et vos amis qui vous haïssent. » Sans le savoir (vous ne voulez pas le voir ?), vous avez déjà beaucoup d'ennemis (on vous le souhaite). Sachez les reconnaître. Par exemple, les flatteurs. Tous ceux qui passent leur temps à vous dire combien vous êtes exceptionnel, ou merveilleuse. Ils ne vous contrarient jamais, ils se montrent toujours d'accord même quand ils pensent que vous avez tort. C'est un signe qui ne trompe pas. Devant vous, c'est « Ma petite chérie, tu as une mine superbe ! » Derrière : « Tu as vu sa gueule de déterrée, elle ferait mieux d'arrêter l'alcool ! »

Ennemis potentiels aussi : vos débiteurs. Vous leur avez rendu service, vous les avez aidés quand ils étaient en panne d'idées, hors délais ou en pleine déconfiture morale. Ils sont rarement reconnaissants. Neuf fois sur dix, ils ont une dent contre vous. Vous les avez connus sous un mauvais jour, en état de faiblesse. Leur ego ne s'en remet pas.

Il y a aussi tous ceux qui vous ont déjà lésé dans vos droits ou vos intérêts, blessé dans votre amour-propre. Il est dans la nature humaine de haïr ceux à qui l'on a fait du tort. Ça permet de garder bonne conscience. Tous ceux qui vous ont fait du tort d'une manière ou d'une autre ne sauraient vous le pardonner. Autant en faire des ennemis. Même si ce n'est souvent pas facile. Vos ennemis objectifs ou ceux qui vous détestent déjà n'ont pas envie que ce soit dit. Comme vous, ils répugnent à déclarer les hostilités. Ils préfèrent en rester à une inimitié larvée, à continuer à jouer les faux-jetons.

Certains mêmes parfois se leurrent sur les sentiments qu'ils ont pour vous. Ils sont persuadés d'être de vrais amis pour vous. Quand ils vous font du mal, c'est « sans faire exprès », ils vous veulent du bien. Ça aussi c'est dans la nature humaine. En général, quand on fait une crasse à quelqu'un, c'est toujours avec de bonnes raisons. Pour son bien ou par « légitime défense » (il l'a bien cherché !). Personne n'a envie de se regarder dans une glace et de se dire : « Toi, ma vieille, tu es une vraie garce (ou un franc salaud). » C'est toujours plus confortable, moralement et socialement, de se dire qu'on aime les gens que le contraire. On se préfère victime que bourreau.

On le voit bien par exemple avec les ex. Quand c'est eux qui nous quittent, on ne veut plus en entendre parler. Notre amour-propre en prend un coup. Quand c'est nous qui les quittons, on s'acharne à les conserver comme amis. La grandeur d'âme, l'amour voudraient le contraire. Pardonner quand on est plaqué, pour déculpabiliser l'autre. Condamner (comme on condamne une porte) quand on plaque, pour ne pas entretenir l'autre dans la nostalgie de ce qu'il a perdu ou l'illusion d'un come-back possible. Tous ceux qu'on a abandonnés, laissés tomber peuvent aussi faire de bons ennemis.

Au bureau, vous avez des ennemis objectifs. Votre premier ennemi, en tout cas le plus évident : votre patron (votre supérieur direct). Même quand il n'est pas spécialement parano, il pense (a-t-il vraiment tort ?) que vous voulez lui piquer sa place et sa voiture de fonction ou que vous allez partir avec le fichier clients pour mieux vous vendre chez un concurrent ou monter votre propre boîte. Mais c'est de bonne guerre : si vous n'étiez pas ambitieux, il ne vous aurait pas engagé.

Autre ennemi très évident : le mec ou la fille qui est directement en concurrence avec vous auprès du patron pour un plus gros fauteuil et un plus gros chèque. Mais cet ennemi-là est transparent : vous le voyez venir de loin (à moins d'être complètement gourde ou particulièrement naïf). Ennemi aussi, votre homologue dans un autre service : tous les moyens (collaborateurs, budget, etc.) mis à votre disposition, c'est autant dont il ne peut pas profiter. Mais là aussi c'est de bonne guerre ; de la saine émulation.

Pour se faire rapidement des ennemis, le moyen le plus efficace consiste aussi à parler vrai. Le mec qui vous bassine tous les jours au bureau avec ses plaisanteries sexistes à la limite du graveleux, ou la « bonne copine » qui vous sape en faisant des commentaires insidieux sur votre façon de vous habiller ou de travailler, vous n'en tirerez rien en vous montrant compréhensif. Dites-leur leurs quatre vérités. La plupart des gens, particulièrement les faux-jetons, n'en supportent pas même une. Une inimitié déclarée vaut toujours mieux qu'une fausse amabilité. Au moins, les rapports sont clairs.

Vous pouvez aussi vous faire facilement de nouveaux ennemis en disant simplement « non » (chaque fois que vous le pensez) au lieu de « oui, avec grand plaisir » ou « oui, c'est une bonne idée ». La plupart des gens non plus ne supportent pas d'être frustrés dans leurs bonnes, ou leurs mauvaises, intentions. Dire la vérité, savoir dire « non » ou se fâcher nécessite évidemment un minimum de courage que vous n'avez peut-être pas.

On ne se fait pas des ennemis du jour au lendemain quand on a pris l'habitude d'être aimable, charmant, accommodant avec tout le monde. Vous ne pouvez pas tout d'un coup du jour au lendemain muer en dragon. Les autres n'y croiront pas. Ils diront : « Elle (il) a sa crise, ça va lui passer. » Dans ce cas, vous devez la jouer plus sournoise. Dire « oui » à tout et ne pas donner suite. Faire tout plein de promesses que vous ne tiendrez pas. Dans votre job par exemple, vous pouvez tout remettre au lendemain de telle sorte que les délais ne soient jamais respectés. Ou vous faites avec une lenteur délibérée ou mal tout ce que vous n'avez pas vraiment envie de faire (ça marche aussi à la maison). En salopant le travail, en vous défilant sur le thème « J'ai oublié », vous vous ferez vite quelques ennemis tenaces.

Autre moyen aussi : arriver systématiquement en retard avec un grand sourire. Ça finit par agacer les plus indulgents. Terriblement efficaces, les rencontres proposées en fin de journée ou le samedi au prétexte de boucler un dossier, régler un problème. « Ça ne t'ennuie pas de rester un peu ce soir (ou de passer samedi), je serai là vers 18 h 30-19 heures au plus tard (11 heures-11 h 30 le samedi), on en aura pour une petite demi-heure. » Et vous arrivez vers 22 heures (14 heures le samedi) ou mieux, vous appelez pour dire que finalement ce n'est pas possible, vous êtes bloqué, vous ne pouvez pas passer. Quand on dira de vous : « le nombre de soirées ou de week-ends qu'elle (qu'il) m'a pourris », vous aurez gagné un nouvel ennemi.

Idem pour les dîners en ville. Acceptez toutes les invitations et décommandez à la dernière minute (avec une excuse béton) quand tout le monde est sur le point de passer à table. Ou, plus lâchement, n'appelez même pas. Quand on s'étonnera de votre absence, vous pourrez en plus culpabiliser votre hôte : « Franchement, tu ne me voulais pas à ce dîner, c'est pour ça que tu m'as dit le 13 au lieu du 6. »

Les garçons, c'est encore plus facile d'en faire des ennemis. Il suffit de les laisser espérer ou de jouer les ingénues. Donnez des rendez-vous auxquels vous n'allez pas. Promettez : « On se voit ce week-end » et appelez toutes les quatre heures pour confirmer, en repoussant du samedi après-midi au samedi soir (« Je suis cassée, je ne bouge pas »), du samedi soir au dimanche (« Mes parents ont débarqué, on dîne ensemble, je t'appelle demain matin »). Dimanche, évidemment, vous avez de nouvelles obligations familiales (« Ça c'est fait à l'improviste »). Faites régner l'incertitude. Au bout d'un moment, le garçon le plus bête comprend qu'il vient en dernier dans vos préoccupations et finit par vous en vouloir. L'ingénuité aussi a son efficacité. Quelques « piques » du genre : « Tu as vu les seins que j'ai sur cette photo, mon ex était comme un fou », et même votre chéri peut aussi devenir un ennemi.

Mais ce n'est pas tout de se faire des ennemis. Encore faut-il les garder. Soyez fidèle à vos ennemis, ils vous serviront longtemps. Soyez clément aussi. Il suffit de l'emporter sur ses ennemis ; c'est trop dommage de les perdre.

Partie IV

Les prises de contact

Chapitre 13

Dix techniques pour téléphoner gagnant

Vous travaillez sur un dossier important, le téléphone sonne. Conversation... Quand vous reprenez votre dossier, vous avez perdu le fil de vos idées. Vous le retrouvez... Nouveau coup de fil, nouvelle interruption. Parfois cela vous irrite, vous ne supportez pas d'être distrait ; parfois cela vous fait plaisir, c'est l'occasion de vous détendre pendant quelques minutes. Nous avons tous, plus ou moins, avec le téléphone une relation ambiguë : nous sommes à la fois satisfaits du temps qu'il nous fait gagner et furieux de celui qu'il nous fait perdre. Pourquoi le téléphone nous fait-il perdre beaucoup de temps ? Pour différentes raisons, mais la principale, toutes les études sur nos pratiques téléphoniques concluent dans le même sens : au lieu d'utiliser le téléphone pour appeler, nous l'utilisons d'abord pour être appelés. Et cela s'est aggravé avec les mobiles. Bref, en croyant (à tort), qu'il faut pouvoir être joints 7 jours sur 7, 24 heures sur 24, nous sommes inconsciemment, plus ou moins, devenus esclaves du téléphone.

Mal employé, vous perdez votre temps et vous énervez les autres ; bien, c'est une arme redoutable pour obtenir tout ce que vous voulez. Comment s'en rendre maître ? En étant actif plutôt que passif. Voici les principales techniques à mettre en œuvre pour améliorer vos communications (et votre communication) et prendre l'avantage sur les autres.

1/ Passez d'abord votre permis téléphone

Numérotation automatique, boîte vocale, identificateur d'appels. Lisez les notices des appareils que vous utilisez. Apprenez à téléphoner mains libres (réglage sonore, distance, orientation…). Sinon placez votre téléphone à gauche (si vous êtes droitier), pour pouvoir écrire de l'autre main (bloc-notes et stylo toujours accessibles).

2/ Ne perdez plus votre temps

Téléphonez toujours avec votre agenda sous les yeux avec de quoi noter, ça vous évitera de perdre du temps à chercher. Coupez votre portable quand vous utilisez un poste fixe et bannissez le « double appel ». Les inconvénients (être distrait pendant une conversation, interrompre un interlocuteur pour un autre…) sont plus importants que les avantages (pouvoir être joint quand vous êtes déjà en ligne). Prévoyez aussi de quoi vous occuper (lecture, etc.) pendant vos séances d'appels quotidiennes pour utiliser les temps d'attente.

3/ Regroupez les appels à donner

Vous devez appeler plusieurs personnes dans la journée ? Ne dispersez pas vos coups de fil. Au bureau ou à la maison, prévoyez des heures « téléphone ». Un correspondant occupé ? Attendez au moins cinq minutes avant de rappeler. Absent ? Laissez un message pour expliquer la raison de votre appel ou demandez à la personne qui décroche quand vous aurez le plus de chances de la joindre.

4/ Appelez au bon moment

Sauf urgence, appelez plutôt le mardi ou le jeudi ; le lundi, les gens sont grognons, ils n'ont pas le temps, le mercredi beaucoup sont absents pour s'occuper des enfants, idem le vendredi à cause des RTT. De préférence le matin, les gens sont plus frais. Jouable aussi, le soir après 18 heures quand vous voulez joindre en direct quelqu'un d'important, à partir de cette heure-là, plus d'assistantes et donc plus de filtrage des appels.

Jamais le lundi !

Quelque chose à demander, à obtenir, à initier... Évitez de le faire un lundi. Ce jour-là est un mauvais jour... Pas seulement parce qu'on reprend la semaine de boulot souvent à contrecœur, mais aussi parce que c'est le pic pour les attaques cardiaques. Une étude écossaise montre ainsi que le lundi, le nombre de décès par infarctus est supérieur de 19,2 % à celui des autres jours de la semaine, parmi les hommes âgés de 50 ans (20 % pour les femmes du même âge).

Ce qui pourrait en partie s'expliquer par la plus forte consommation d'alcool et de ripailles en tout genre durant le week-end. Mais le retour du stress est sans doute un autre facteur déclenchant. Le lundi est de toute façon un mauvais jour : les suicides y sont aussi plus fréquents que le reste de la semaine. Donc inutile de prendre des risques !

(Source : *British Medical Journal*)

5/ Préparez les coups de fil importants

Listez les sujets à aborder, les problèmes à régler, prévoyez les documents nécessaires, les questions qu'on pourrait vous poser... Vous améliorez vos chances de résoudre votre problème en une seule fois, vous n'aurez pas à rappeler parce que vous avez oublié quelque chose.

6/ Respectez le temps des autres

Tout le monde court après le temps en ce moment, moins vous en faites perdre, plus vous êtes gagnant. Alors assurez-vous d'abord que votre interlocuteur est disponible et qu'il peut parler librement. Mieux vaut rappeler que recevoir des réponses évasives ou confuses parce que quelqu'un n'a pas vraiment le temps ou la possibilité de vous parler.

7/ Allez directement à l'essentiel

Vous ne pouvez pas faire l'économie d'un minimum de socialité : « Bonjour, je ne vous dérange pas », « comment allez-vous ? », mais évitez les digressions. Ne donnez pas à votre interlocuteur la possibilité de vous raconter son week-end ou sa vie et ne lui racontez pas les vôtres. Présentez-vous et attaquez direct : « Je vous appelle à propos... »

Savez-vous téléphoner ?

Destiné à nous faire gagner du temps, ce qu'il fait, le téléphone est pourtant un grand dévoreur de temps quand on en devient esclave. Savez-vous téléphoner ? Cochez chaque fois que c'est « oui ».

- ❑ Vous faites chaque matin une liste des coups de fil que vous devez donner.
- ❑ Vous « bloquez » du temps pour passer tous vos appels d'affilée.
- ❑ Vous êtes la plupart du temps facile à joindre.
- ❑ Vous recevez moins de trois appels personnels par jour au bureau.
- ❑ Vous préférez rappeler plutôt que rester en ligne à attendre.
- ❑ Vous trouvez toujours très rapidement le numéro de téléphone dont vous avez besoin.
- ❑ Vous faites confiance à vos proches pour transmettre les messages.

- ❑ Vous connaissez par cœur le numéro de votre poste intérieur.
- ❑ Vous répondez toujours aux répondeurs.

Moins de 7 « oui »
Pas de doute, le téléphone vous fait perdre un temps fou. Les techniques précédentes vont vous changer la vie.
7 « oui » et plus
Bravo ! Vous êtes maître ès communications. Mais vous pouvez apprendre encore quelques trucs pour être plus efficace.

8/ Obtenez du concret

Une fois que vous avez dit ce que vous aviez à dire, écouté les réponses de votre interlocuteur, argumenté, etc., passez à l'étape suivante : « Quand voulez-vous que je vous rappelle ? », « Quand pensez-vous me rappeler ? », « Quand pouvez-vous me recevoir ? », etc.

9/ Soyez courtois, mais sans plus

Trop aimable, votre interlocuteur risque de s'éterniser, voire de rentrer dans un plan drague. Alors restez silencieux quand vous voulez que l'autre abrège. Il continue ? Soyez plus ferme (par exemple, « que puis-je faire pour vous ? » à quelqu'un qui se répand en banalités), vous écourterez d'autant vos conversations.

10/ Apprenez à raccrocher

Certains correspondants sont très doués pour relancer la conversation. Comment en finir sans être impoli ? En parlant subitement au passé : « Nous avons bien fait de nous téléphoner. » Cela ne suffit pas : prétextez un appel sur une autre ligne. Et si vous avez vous-même tendance à être trop bavard, téléphonez debout, vous parlerez (c'est démontré) moins longtemps.

Les mails mal compris

Vous essayez de faire passer de l'humour, du sérieux, de l'enthousiasme ou de l'ironie dans vos mails ? Raté ! Dans presque 50 % des cas, vos interlocuteurs interprètent mal. C'est ce que viennent de montrer Justin Kruger et Nicholas Epley, deux psys américains. La raison ? On est tous trop égocentriques ! Conseil des spécialistes : « Peut-être simplement prendre le téléphone. L'e-mail est bien pour communiquer du contenu, mais pas pour communiquer un aspect émotif. » Et dans le doute, attendez au moins une heure avant d'envoyer. Déjà, vous le lirez avec un peu plus de recul.

(Source : *Journal of Personality and Social Psychology*)

CHAPITRE 14

Comment ça marche un rendez-vous ?

Vous l'avez enfin décroché (avec un patron, un client, un recruteur, un banquier...) : tout va se jouer en moins de trois minutes. Donc pas question d'improviser. Un rendez-vous, ça se prépare.

Lui (ou elle)

Il est en position de force (c'est vous qui êtes demandeur). Donc c'est lui qui mène le jeu : il fixe l'heure, le jour, le lieu, dirige l'entretien, etc. Il a des exigences : normal ! Où commence l'abus de position dominante ? Quelques éléments pour vous aider à vous repérer :

- Il vous fixe un rendez-vous un jour ouvrable, aux heures de travail : vous n'êtes pas censés vous retrouver dans des bureaux déserts à des heures indues (le week-end ou tard le soir quand tout le monde est parti).
- Il vous reçoit dans un bureau. Les rendez-vous ailleurs, dans un café par exemple, ça veut dire qu'il n'est pas en odeur de sainteté dans sa boîte, qu'il n'a pas le pouvoir qu'il dit avoir ou encore, c'est juste un plan drague : il se sert de son boulot pour faire des rencontres.

• Il ne doit pas vous faire attendre plus de dix minutes, un quart d'heure. Au-delà, c'est un « mauvais » (il ne maîtrise pas son emploi du temps, ne respecte pas les autres, etc.), sauf s'il a une très bonne excuse (il vous explique pourquoi il est en retard et se montre sincèrement désolé).

• Il vous reçoit derrière son bureau ou, à la rigueur, autour d'une table de réunion. En tout cas, il reste à distance. Il respecte votre zone intime (rayon de 50 centimètres autour de vous).

• Il reste de bon ton : il n'est pas familier (il ne vous appelle pas par votre prénom au bout de trois minutes), il ne vous pose pas de questions trop intimes (il ne vous demande pas si vous avez un petit ami) et il ne vous fait pas de remarques (compliments ou réflexions désagréables) sur votre physique ou votre look.

• Il ne vous raconte pas sa vie. S'il commence à s'épancher (ses malheurs, ses succès), c'est de la drague ou alors c'est qu'il a besoin d'un psy.

Vous

Aujourd'hui, quand on postule pour un job, par exemple, on est d'abord jugé sur son look et parfois rejeté pour des raisons inavouables : un physique, une allure qui ne plaisent pas. Brancher un patron ou draguer, c'est un peu pareil. Vous pouvez être au mieux de votre forme, très sympa, bien sapé et ne pas séduire quand même. On ne peut pas plaire à tout le monde. Les goûts et les allergies, ça ne se discute pas. Certains recruteurs ne voient pas la vie en rousse (« trop typée, pas assez neutre »), frôlent le mal au cœur à la vue d'un bras mou (« pas de bon augure »), d'un chemisier vert (« ça porte malheur ») ou d'un visage trop rond (« les grosses, c'est paresseux »).

Quand vous vous présentez pour un job, vous ne pouvez pas savoir sur qui vous allez tomber. C'est au petit bonheur la chance. Alors, restez naturel. De toute façon, vous ne pouvez pas vous déguiser pour correspondre à tous les fantasmes et les phobies des autres. C'est vrai qu'un physique agréable ouvre beaucoup de portes, mais les « flop models » ont aussi leur chance.

Dans les rapports sociaux et professionnels, l'affectif joue aussi un rôle déterminant. Un sourire, une attitude ouverte, positive, peut faire basculer la décision en votre faveur. Dans le travail comme dans la vie, les moches sympas ont, par exemple, toujours plus la cote que les premiers prix de beauté qui passent leur temps à faire la tête ou à pleurnicher sur leurs petites misères. Et si vous avez une caractéristique pénalisante, du genre une timidité ou un tic, le mieux c'est de se dédouaner en le disant d'entrée (par exemple, « Vous savez, au début d'un entretien, je me sens toujours très traqueuse, hypernerveuse mais au bout d'un moment ça passe ») pour désarmer votre interlocuteur. En plus, ça vous relaxe. Au contraire, quand en essayant de la cacher, vous stressez et vous ratez votre rendez-vous parce que vous vous focalisez sur votre stress et pas sur le rendez-vous lui-même.

« T'as un beau prénom, tu sais ! »

Vous croyez que vous séduisez sur votre physique, votre look, votre sourire... Mais votre prénom peut faire la différence. En effet, des linguistes américains du Massachusetts Institute of Technology (MIT) de Boston ont montré que certains noms plaisent plus que d'autres. Chez les hommes, un i ou un e dans le nom est un atout de séduction. Les prénoms avec des voyelles courtes, pointues, comme David, Cédric, recueillent plus de succès... En revanche, les noms aux voyelles longues, aux sons arrondis, comme Alain, Laurent sont moins séduisants. Chez les filles, c'est l'inverse, la rondeur est favorisée, Corinne est plus attractif que Valérie, Léa que Catherine... Mais les chercheurs précisent : un top canon remportera tous les suffrages, même si elle se prénomme Germaine...

(Source : *Congrès de la Société américaine des sciences cognitives*)

Votre look

Quand on cherche du travail, c'est comme lorsqu'on est présenté aux beaux-parents, sauf que les recruteurs sont en général mille fois plus regardants que des parents (ils ont plus de choix, il faut dire). Côté apparence, la tendance est plutôt au conformisme. Tout ce qui est trop saillant (une homosexualité affichée, une couleur de peau trop marquée, une tenue trop décontractée ou trop provocante, etc.) vous flingue souvent d'entrée. Certaines caractéristiques sont rédhibitoires ou très négatives pour la grande majorité des patrons. C'est (presque) imparable. Pas facile de se vendre quand on est enceinte (61 % des patrons détestent), black ou beur (81 % éliminent), obèse (77 % n'aiment pas). Beaucoup d'études récentes montrent aussi que les entreprises tendent de plus en plus à imposer des normes de tenue (les vêtements ou les coiffures trop voyants sont mal vus) ou de comportement (les gros fumeurs, par exemple, sont moins bien acceptés). Le classique, le sobre, reste donc de rigueur, un peu plus traditionnel si on postule à un emploi administratif, un peu plus mode pour un poste créatif ou commercial. La règle : s'habiller comme les autres avec juste le petit détail mode qui fait la différence.

Les détails qui tuent

- Les petites mauvaises odeurs, une haleine pas fraîche, un fumet pas net (tout le monde réagit d'une manière épidermique aux odeurs corporelles un peu trop prononcées, particulièrement les femmes qui ont un odorat trois fois plus développé).
- Les effets de tenue (hyperbranchée, chicos, etc.), les bermudas ou les minis trop mini.
- Les ongles rongés (signe d'hyperanxiété), les doigts marron de nicotine, les teintures de cheveux trop hype ou trop ratées.
- Une voix désagréable (53 % de rejet pour un job commercial). Si vous n'êtes pas sûre de votre organe,

l'astuce, qui change tout, c'est de parler légèrement penché en avant en rentrant le ventre et un ton en dessous.

Un rendez-vous pro ? Évitez le rouge !

On sait que porter du rouge favorise le succès sportif. En revanche, il vaut mieux laisser au placard sa petite robe rouge le jour d'une entrevue d'embauche, d'un examen ou d'une présentation. Lorsqu'il s'agit d'exceller intellectuellement, la couleur rouge est pénalisante. Elle a un effet « distracteur » qui, perturbant l'attention, peut nuire aux performances.

(Source : *Journal of Experimental Psychology*)

L'heure H

Un rendez-vous, ça veut dire être ponctuel (même si l'autre doit vous faire poireauter). Mais, c'est quoi arriver à l'heure ? En principe, on tolère cinq minutes de battement en plus ou en moins de l'heure fixée.

En arrivant très en avance, ou très en retard, vous vous mettez automatiquement en position de faiblesse : vous êtes trop demandeuse (ça sent sa grande anxieuse) ou vous énervez (vous passez pour une fille pas fiable). Systématique d'ailleurs : c'est toujours quand vous arrivez très en avance ou très en retard qu'on vous fait attendre le plus.

L'entretien

Un rendez-vous ne s'improvise pas. Il se prépare au plan de l'apparence (Quelle image je vais donner de moi ?), mais aussi du discours (Qu'est-ce que je vais raconter ?). Comment « bien répondre » ?

- Évitez les réponses par « oui » ou par « non », expliquez. Ne parlez pas de vos propres besoins (c'est secondaire), mais de ce que vous pouvez apporter (à une boîte par exemple).
- Ne racontez pas votre vie, si l'autre vous lance un « Parlez-moi de vous ! ». Mais dites ce qui dans votre parcours, votre caractère, vous prédispose pour le job en question.
- Évitez d'ironiser, de faire (inutilement) de l'humour ; ça n'est pas le propos et le plus souvent assez mal vu.
- Montrez-vous raisonnablement ambitieux : bien sûr, vous avez l'intention d'évoluer, bien entendu, vous saurez être patient.
- Ne vous survendez pas : vous ne pouvez pas prétendre être à la fois hypercréatif et un gestionnaire modèle.
- Préparez vos réponses. Certaines questions, par exemple « Quels sont vos principales qualités, et vos défauts ? », reviennent systématiquement.
- Soyez franc mais pas trop. Ne vous faites pas tout noir ou tout blanc, vous ne seriez pas crédible. Mais n'atti-

rez pas non plus l'attention sur le fait que vous avez du mal à vous réveiller le matin ou que votre anglais laisse un peu à désirer.

• Méfiez-vous des questions à double tranchant. Par exemple : « Êtes-vous autonome dans votre travail ? » Oui, vous l'êtes, mais n'oubliez pas d'ajouter que ça ne vous empêche pas de savoir (et d'aimer) travailler en équipe.

Casser la voix ?

Pour séduire, il faut du contenu (ce qui se dit), des formes (la manière de le dire), mais la « musique » a aussi son importance. De nombreuses études ont montré que l'attrait d'une personne dépend beaucoup de la hauteur de sa voix : plus celle-ci est grave, plus elle est crédible et inspire confiance, et inversement. D'ailleurs, chez les primates, comme les non-primates, les individus les plus dominants s'expriment toujours dans le grave car ils sont plus massifs (taille, poids) et ils ont plus d'hormones androgènes.

(Source : *Personality and Individual Différences*)

Les gestes qui influencent

Hocher la tête lors d'une conversation, se pencher légèrement, remuer les bras… Tous nos gestes apparemment anodins ont beaucoup plus d'impact qu'on ne le croit.

Par exemple, Nicolas Guéguen, chercheur en psychologie sociale à l'université de Bretagne-Sud, a montré que lorsqu'un vendeur hoche la tête pendant que son client parle, il prolonge de 13 % la durée de l'entretien et provoque une augmentation des ventes de 11 %. Certains gestes peuvent ainsi vous trahir ou contredire vos propos. De plus en plus de gens sont formés à un minimum de « gestuologie », la technique d'interprétation des attitudes. Vous ne pouvez faire croire que vous êtes volontaire en vous présentant les épaules voûtées ou le regard évasif. Ou, dynamique, si votre main gauche s'appuie sur la droite (l'inverse pour les gauchers). Ou encore, sincère si vous cachez votre bouche derrière vos mains. Un bon recruteur observe vos manières dès votre entrée et en tire des conclusions. De la tenue donc : le dos bien droit et une économie des gestes. Évitez de croiser et décroiser fébrilement les jambes (impatience ou... problèmes sexuels), de les agiter ou de vous tripatouiller les mains ou les cheveux (nervosité, instabilité...). Et hochez la tête pour faire meilleure impression, être plus écouté, suivi. Mais ne vous relâchez pas avant d'être tout à fait hors de vue : c'est important aussi de réussir sa sortie.

Chapitre 15

Décoder l'autre en trois minutes !

Quand on rencontre quelqu'un pour la première fois, on se fait une idée immédiate de la personne qu'on a en face de soi. Pour les anthropologues et les psys, cette immédiateté de la première impression est génétiquement programmée. C'est un réflexe de survie. Ami ou ennemi, durant des millénaires, être capable de faire la différence au premier coup d'œil, ça a été une question de vie ou de mort.

Aujourd'hui, même si le risque d'une première rencontre est nettement moindre, jauger son interlocuteur reste une affaire de secondes.

De quoi est faite cette première impression ? D'un ensemble de signaux subliminaux. Physique, visage, mimiques, regards, voix, attitudes, gestes, environnement… Tout concourt à composer une image de l'autre qui s'imprime presque immédiatement sur notredisque dur mental. Faut-il suivre sa première impression, comment être sûr que c'est la bonne ? Voici comment l'analyser et la confirmer ou l'infirmer.

La poignée de main

La première poignée de main en dit long. Mais, prudence, les apparences sont parfois trompeuses.

• Votre interlocuteur vous tend la main, bras tendu vers le bas, paume tournée vers le sol ? Pas de doute, vous avez affaire à un dominateur ou en tout cas à quelqu'un qui cherche à prendre d'emblée le pouvoir sur vous.

• Mollasse (pression très faible) : méfiance ! C'est peut-être un timide, quelqu'un qui manque de confiance en soi, mais ça peut être quelqu'un d'intraitable pour qui vous n'existez pas (rien à fiche de vous).

• Douloureuse (vous broie les phalanges) : c'est plus un signe d'agressivité que d'assurance ou de confiance en soi, en tout cas, c'est quelqu'un qui n'imagine pas la communication sans confrontation.

• Fuyante (vos doigts se referment sur du vide) : elle dénote une certaine hypocrisie, c'est la poignée de main « coupable » par excellence, souvent quelqu'un qui nourrit déjà de mauvaises intentions à votre égard.

• Du bout des doigts : c'est quelqu'un qui fuit le contact, cherche à l'écourter, un timide ou quelqu'un qui vous en veut.

• De l'index seulement : votre interlocuteur est complexé vis-à-vis de vous ou a un sentiment d'infériorité en général.

• Des deux mains ou en vous saisissant aussi l'avant-bras ou l'épaule : fuyez ! C'est un truc d'entourloupeur (vendeur d'assurances, politicien...).

Le visage

Les besoins, les désirs, les attentes, les intentions, peuvent se lire à découvert sur les visages. Pas besoin d'avoir fait psy pour ça : il suffit d'être un peu observateur !

Sa structure

S'inscrit dans un ovale (type respiratoire)
Caractère général : tourné vers les autres. Les désirs, les envies, les ambitions sont socialisés et cherchent plus l'approbation que la satisfaction. Grande sociabilité (amabilité, courtoisie, égalité d'humeur). Mode d'adaptation : s'appuie sur les autres pour résoudre les problèmes, en se déchargeant parfois sur eux de ses difficultés.

S'inscrit dans un carré ou un rectangle (type musculaire)
Caractère général : besoin d'action (recherche d'efficacité, de performances), d'affirmation personnelle (sociale, créatrice), goût du risque. Les ambitions sont maîtrisées (se réalisent dans le temps), les efforts contrôlés. Mode d'adaptation : affronte les situations de front, parfois sans nuance.

S'inscrit dans un rond (type digestif)
Caractère général : calme (réactions lentes mais profondes, émotions faibles mais durables), résistant plus que combatif. Les activités vont dans le sens d'une recherche d'optimisation (bien-être, confort matériel...).

S'inscrit dans un triangle (type cérébral)
Caractère général : secret pour se défendre d'une extrême vulnérabilité (vit en soi et pour soi). Tendance au retrait (posture et attitudes contraintes, émotions et réactions contrôlées). Mode d'adaptation : analyse les situations et leurs possibilités, mais reste souvent au plan de l'idée.

Son cadre

Large (dilaté tonique)
Les visages larges laissent présumer extraversion (bienveillance, optimisme), une bonne adaptation à la vie sociale, sens du concret (focalisation sur le présent et l'avenir immédiat), esprit d'entreprise (besoin de réalisations et de changements), fibre commerciale.

Étroit (rétracté latéral)
En revanche, les visages étroits sont moins stables, plus impulsifs, irréguliers dans leurs habitudes comme dans leurs projets. Plus sensibles aussi aux influences extérieures (besoin d'appartenance à un milieu, une tribu, un clan, urbain branché…) et changeants (alternance de moments d'enthousiasme et de déprime).

Sa dominante

• De l'étage supérieur (zone comprise entre le haut du front et la ligne des sourcils) : dominance cérébrale.
Esprit d'analyse (goût pour les abstractions, les systèmes), application (persévérant) mais rigidité (ratio-

nalisation, manque de place laissée à la fantaisie, à l'imaginaire). Ou plasticité mentale (imagination forte, saisie intuitive des situations), mais une mauvaise adaptation aux réalités concrètes (manque de stabilité, de sens pratique, de persévérance dans les activités).

• De l'étage médian (zone comprise entre la ligne des sourcils et l'espace naso-labial) : dominance affective.

Sociophilie (amabilité sans discrimination, tolérance), égalité du flux émotionnel (optimiste), contentement de soi, goût du confort physique et matériel. Besoin de contact avec les autres (nombreux amis, relations), recherche d'approbation (soucieux de son image, de sa réputation).

• De l'étage inférieur (zone comprise entre l'espace naso-labial et la pointe du menton) : dominance sensorielle.

Pulsions instinctives fortes. Recherche de satisfactions matérielles. Tend à mesurer sa valeur personnelle à ses succès professionnels, à son pouvoir d'achat.

• Équilibre des trois étages : bonne intégration de la raison, du sentiment et de l'instinct.

Besoin de domination (autorité), sentimentalité faible (se fait plus respecter ou estimer qu'aimer), franchise, droiture.

Son modelé

Type expansif contrôlé

Modelé arrondi avec méplats (pommettes, joues creuses) : besoin constant de contacts affectifs, d'échanges sociaux, empathie (sensibilité aux sentiments des autres) forte, mais hypersélectivité.

Type équilibré

Modelé régulier (creux et reliefs modérés) : régulation des instincts, des sentiments et des pensées. Modération, réflexion, sérénité sont les mots-clés des comportements (affections pondérées, ambitions mesurées, risques calculés, humeurs tempérées, jugements prudents).

Type rétracté bossué

Modelé heurté (creux frontal, pommettes saillantes et joues creuses...) : pulsions contradictoires (amour/haine, désir/dégoût), conflits intérieurs. D'où des excès, de la retenue, de l'indifférence suivie d'élans passionnels forts (peut faire un drame de tout) et des relations socioprofessionnelles souvent orageuses.

Type réagissant

Grande ouverture des récepteurs (yeux, nez, bouche), qui sont à la fois larges (vus de face) et à fleur de visage (vus de profil) : forte réactivité aux stimulations extérieures (mobilité, intelligence vive, vulnérabilité aux ambiances, socialité facile).

Type concentré

Les récepteurs sont fermés (yeux rapprochés, nez et bouche étroits) : peu de sensibilité aux influences extérieures : maîtrise de soi (flegmatisme apparent, un passionné à froid), volonté d'action (persévérant en dépit des obstacles), puissance de travail (forte capacité de concentration).

Type amenuisé

Bas du visage étroit, bouche pincée, contours des maxillaires délicats : sensibilité vive, réflexes défensifs, agressivité détournée (mauvaise humeur, critiques permanentes, jugements négatifs) ou explosive (accès de colère).

Plus c'est symétrique, mieux c'est !

La mouche scorpion du Japon accorde toujours plus volontiers ses faveurs aux mâles dont les ailes sont symétriques, car plus elles le sont et plus il est doué pour s'approprier de la nourriture et la défendre contre ses ennemis.

C'est pareil pour les humains : la symétrie, corporelle et faciale, est toujours un plus. Les personnes aux visages les plus symétriques, en particulier les hommes, sont perçues comme plus belles, créditées d'une personnalité plus dominante et ont un plus haut pouvoir d'attraction et de séduction.

(Source : *Université du Nouveau-Mexique*)

La couleur des yeux

La couleur des yeux est aussi révélatrice des tendances profondes de nos interlocuteurs. Sans être une vérité gravée dans le marbre, elle a une bonne valeur indicatrice.

Les yeux bleus (et leurs variantes, verts et gris)

Ils révèlent une personnalité qui est plus attentive au fond qu'à la forme. Les « yeux bleus » jugent rarement les autres sur le look, les attitudes, les propos apparents. Ils prêtent plus l'oreille au sens des mots qu'à la musique. Se souciant moins de plaire que d'être compris, ils sont moins sensibles aussi au « qu'en-dira-t-on». Comme ils donnent l'impression de ne pas voir les autres (c'est souvent vrai), de ne pas les écouter (c'est souvent faux), ils sont fréquemment perçus comme distants (timides, méprisants...), fermés, peu disponibles. Ils n'ont pas le contact facile, ils ne communiquent pas spontanément (s'expriment généralement peu et, dans certains cas, pas du tout).

Les yeux bruns

Ils révèlent une personnalité très sensible aux apparences. La leur : en général, les « yeux bruns » font très attention à leur look, ils ont tendance à s'habiller mode (quitte à sacrifier un peu de leur confort), ils ont besoin de plaire... Comme à celle des autres : les « yeux bruns » jugent souvent les gens sur leur seule tenue vestimentaire, ils sont plus particulièrement attentifs à la façon de s'exprimer (attitudes, regards, gestes, mimiques, tonalités de la voix...) qu'à ce qui est dit. Démonstratifs, ils ont aussi tendance à être volubiles, à exprimer spontanément ce qu'ils ressentent ou ce qu'ils pensent. Ils sont toujours prêts à rendre service (ils se sentent vite inutiles, rejetés, quand on n'a pas besoin d'eux ou qu'on refuse leur aide).

La voix

Les voix, c'est pareil que les empreintes digitales : chaque voix est unique, mais quand on fait abstraction des particularismes, on peut les classer en trois grandes catégories :

La voix retenue

Elle est posée et précise ou sourde et lente, mais toujours un peu monotone (pas ou peu d'exclamations, de changements de rythme ou de tonalité). Vous avez affaire à quelqu'un de sérieux, mais un peu prisonnier de ses propres contraintes, qui pourrait avoir tendance à bloquer en cas de désaccord ou d'imprévu.

La voix sans retenue

Elle est forte et sonore ou aiguë et rapide, mais toujours très « bruyante » (nombreuses exclamations, changements fréquents de rythme et de tonalité). Elle révèle une personnalité assez dominatrice (en tout cas qui voudrait l'être), qui prend rapidement ses décisions et qui ne recule pas devant les confrontations.

La voix « musicale »

Elle est ronde, mélodique, souvent agréable au point qu'on prête moins attention aux mots et plus au phrasé. Elle révèle quelqu'un d'extrêmement sociable, tolérant, conciliant (cherche plus les terrains d'entente que les points de désaccord).

Le look

Bien sûr, il y a trois mille façons de s'habiller, mais là aussi quand on fait abstraction des particularismes, on peut distinguer trois grandes catégories de look :

Ethnique ou… négligé

Mêlant les marques et les styles, la tenue est un peu voyante, mal coordonnée et, parfois, très inadaptée par rapport aux circonstances sociales parce que la personne néglige par ignorance ou « je-m'en-foutisme » les codes vestimentaires. Ça révèle quelqu'un d'instinctif, spontané et fantasque, qui marche d'abord à l'affectif. Quelqu'un qui a aussi tendance à déprécier ou à survaloriser systématiquement ses capacités et qualités.

Classique, sobre

Un peu tristounette, pas franchement mode et parfois complètement ringarde, la tenue est très discrète (souvent trop), pas sexy, passe-muraille, fondu-décor. Ça révèle quelqu'un qui a bien intégré les codes de l'entreprise, la tendance est plutôt au conformisme, qui pense d'abord en termes d'efficacité, de performance, et peu de séduction, mais qui peut se montrer un peu psychorigide.

Étudié, sophistiqué

Très mode, souvent à la pointe, la tenue est parfois élégante, mais ressemble souvent à une panoplie : banquier, créatif, business angel, executive woman… Ça montre quelqu'un qui sait ce qu'il vaut et ce qu'il veut, qui n'a généralement pas de difficulté pour s'affirmer, s'imposer et prendre le leadership, mais qui supporte aussi assez mal les critiques et peut se braquer très vite ou devenir cassant.

Noir désir ?

On sait que les couleurs ont une influence sur notre moral (par exemple, le rouge excite, le bleu apaise, etc.), nos choix (par exemple, la couleur d'un mailing influence le taux de réponses), mais elles ont aussi un impact sur la manière dont on perçoit et est perçu par les autres. Des chercheurs ont demandé à des centaines de recruteurs de juger des dossiers de candidatures en fonction des vêtements des candidats. Résultat : plus les tenues étaient sombres, plus elles étaient associées à des qualités d'expertise et de pouvoir, et séduisaient.

(Source : *Social Behavior and Personnality*)

Le bureau

À première vue, tous les bureaux se ressemblent et on n'y prête généralement peu attention. Pourtant l'espace travail de quelqu'un est toujours extrêmement révélateur de sa personnalité. En y regardant de plus près, vous pouvez classer les bureaux et leurs occupants en trois catégories :

Le bureau dépotoir

Plein à craquer, meublé de bric et de broc, surchargé de dossiers empilés à la va-vite, envahi d'objets sans rapport souvent avec l'activité de son occupant, couvert de plaies et de bosses (il encaisse chaque fois que son occupant est au bord de la crise de nerfs), il fonctionne un peu comme une bouche en avalant tout ce qui traîne : mémos, prospectus, tickets de parking, pense-bête, etc. Ça révèle un impulsif, qui marche au coup de cœur, au coup de tête, quelqu'un capable de transgresser les règles, de prendre des risques (souvent inconsidérés).

Le bureau « seconde maison »

Personnalisé (déco, objets personnels, etc.), il affiche les goûts et les aspirations de son occupant, conforte l'image qu'il a de lui-même et qu'il souhaite donner aux autres. Mobilier, équipement, rangement, tout est étudié, mis en scène, et chaque chose est bien à sa place malgré un apparent et sympathique fouillis. C'est assez révélateur d'une personnalité très indépendante, dynamique, un peu narcissique et individualiste.

Le bureau fonctionnel

Le plus sobre des trois (presque rien qui traîne), celui qui ne révèle (a priori) presque rien de la réelle personnalité de son occupant. Mobilier standard, design très classique, souvent anguleux, couleur plutôt froide… il respire la solidité, la rigueur. Tous les signes (fonctionnalité, puissance, standing…) sont d'abord là pour convaincre les autres et soi-même de son sérieux. Ça révèle quelqu'un de très contrôlé, à la limite de la psychorigidité et une forte anxiété face au changement, à l'inconnu ou à la nouveauté.

Chapitre 16

Captiver son auditoire

Pas simple de se faire écouter à une époque où tout le monde croit avoir le droit à son quart d'heure de célébrité ! Politiciens, acteurs, conférenciers... Tous ces pros de la prise de parole ont des techniques imparables pour captiver une, deux ou trois cents personnes sans risquer d'endormir ou de se faire jeter.

Tête-à-tête

Le contexte : rencontre, déjeuner d'affaires, entretien avec un chasseur de têtes, un client...

L'enjeu : « séduire », décrocher un oui

Le handicap : chacun est une île

À faire :

• Asseyez-vous à 45° de votre interlocuteur, à sa gauche si vous voulez jouer sur la corde sensible, à sa droite si vous voulez faire appel à son cerveau rationnel.

• Regardez votre interlocuteur dans les yeux pour établir le contact, ponctuer les moments importants de votre discussion (après une idée, un argument, une question, une réponse...).

• Veillez à garder un visage détendu (front, sourcils, bouche…) lorsque vous écoutez.

• Souriez de temps en temps pour manifester votre intérêt et votre bienveillance.

• Soyez attentif à ses baisses d'attention, par exemple s'il se recule très en arrière sur son siège, si son regard se disperse, etc.

À ne pas faire :

• Empiéter sur le territoire de l'autre (diamètre d'un mètre autour de lui), par exemple en vous penchant trop en avant, en posant vos affaires trop près, etc.

• Le défier en le regardant droit dans les yeux tout le temps.

• Être trop familier, éviter tutoiement inopportun, frôlements corporels, qui pourraient être perçus de manière ambiguë.

Le risque : la défection silencieuse (fait semblant d'écouter, mais ne participe pas) ou monologue et ne vous laisse pas en placer une.

Mots doux : à chuchoter dans l'oreille gauche !

« Je t'aime », « Miam, miam, toi », « il est doux mon doudou », dites-le dans son oreille gauche ! Selon le Dr Sim, un chercheur américain de l'université Sam Houston au Texas, ça aura plus d'impact sur votre partenaire. L'explication est simple : l'oreille gauche est connectée à l'hémisphère droit du cerveau. Or c'est cette partie qui gère les émotions. Les informations seraient ainsi mieux et plus durablement enregistrées.

(Source : *Congrès européen de Psychologie*)

Discussion à trois

Le contexte : négociation de groupe (avec deux clients, deux fournisseurs, deux supérieurs hiérarchiques, deux collaborateurs...)

L'enjeu : convaincre ses interlocuteurs, prendre le leadership

Le handicap : le déséquilibre des forces (deux contre un)

À faire :

• Asseyez-vous en face de l'un, mais à côté de l'autre.

• Calez-vous au fond de votre siège, buste droit, les pieds à plat par terre (au lieu de les replier ou de les croiser sous votre siège) et posez vos mains sur la table, pour être bien détendu.

• Adressez-vous en priorité à la personne la plus importante, mais veillez à faire participer l'autre, par exemple en lui demandant fréquemment son avis pour la valoriser.

• Montez le volume quand vous voulez vous affirmer, communiquer votre détermination ; baissez le volume et ralentissez votre débit quand vous avez quelque chose à proposer ou si vous voulez rassurer.

À ne pas faire :

• Parler sur un ton monotone, avoir le visage figé, par exemple si vous êtes tout le temps souriant, ça montre votre gêne.

• Dire « je » tout le temps, employer plutôt le « nous » pour les impliquer.

• Laisser un de vos deux interlocuteurs s'enfermer dans un silence observateur et potentiellement hostile. Le risque : être pris sous un feu croisé de questions et/ou réflexions, ou que vous soyez exclu de la conversation (vos interlocuteurs se mettent à parler ensemble).

Souriez, même si vous n'êtes pas filmé !

On sait que le sourire rend les relations plus agréables. Dans le travail comme dans la vie, les « moches » sympas ont toujours plus la cote que les premiers prix de beauté qui font la tête. Mais de nombreuses recherches ont aussi montré qu'une personne qui sourit voit son attrait physique multiplié par deux. Plus sociable, plus séduisante, elle est également perçue comme plus indépendante et compétente.

(Source : *European Journal of Social Psychologie*)

Réunion

Le contexte : brainstorming, table ronde, déjeuner ou dîner en groupe...

L'enjeu : faire passer ses idées, imposer son point de vue

Le handicap : la concurrence, tout le monde veut en placer une.

À faire :

• Placez-vous autant que possible de manière à avoir tous les participants dans votre champ de vision.

• Identifiez parmi les personnes présentes celle qui est décisionnaire et/ou a le plus d'ascendant.

• Prenez la parole à bon escient pour signaler ou souligner un point essentiel, poser des questions pertinentes, relancer la discussion ; soyez une force de proposition.

• Adressez-vous à la personne la plus importante du groupe, mais regardez aussi tour à tour chaque participant.

• Formez les mots distinctement avec les lèvres quand vous parlez. Le mouvement des lèvres capte aussi l'attention, et quand on articule bien, notre visage est beaucoup plus expressif.

À ne pas faire :

• Interrompre les autres, même les bavards ou les hors sujet, sauf si c'est vous qui dirigez la réunion.

• Éviter les polémiques ; parler en termes de solutions (actions à entreprendre) plutôt que problèmes (sources de désaccords).

• Parler quand on n'a rien à dire, même si on vous le demande (passez votre tour).

Le risque : être muselé par ceux qui monopolisent la parole, interrompent tout le temps, ne pas arriver à exprimer son point de vue, ses arguments, se faire entendre.

Exposé

Le contexte : brief d'équipe, présentation clients, jury, casting…

L'enjeu : vendre et se vendre

Le handicap : c'est une confrontation, vous êtes sur la sellette

À faire :

• Placez-vous assez loin de votre auditoire pour ne pas empiéter sur son territoire intime.

• Avant de commencer, regardez le groupe en silence, d'abord les regards « amis », puis chaque participant.

• Soulignez vos propos avec des gestes simples, mains ouvertes, tournées vers votre auditoire ; ils doivent partir des hanches et non du buste.

• Si vous avez des visuels à présenter, placez-vous le plus près possible de l'écran sur un côté et restez tourné face au groupe.

• Après avoir exprimé une idée forte, regardez votre auditoire en silence, en regardant chacun des participants pendant une ou deux secondes.

À ne pas faire :

• Des phrases longues et/ou alambiquées. Ne délayez pas : une phrase = une idée.

• Regarder et ne s'adresser qu'à la personne au centre ou parler dans le vide en ne regardant personne en particulier.

• Agiter les mains dans tous les sens, pointer du doigt devant vous (menaçant) ou en l'air (pédant).

Le risque : décrochement de l'attention dans les dix premières secondes (on ne vous regarde plus, les gens parlent entre eux) donc soignez bien votre introduction.

Passer en dernier, c'est gagner !

Vous êtes en concurrence pour présenter un projet, un casting, un speed dating... Débrouillez-vous pour passer en dernier. Wändi Bruine de Bruin, un psychologue de l'université américaine Carnegie Mellon, a montré que dans les compétitions où les concurrents se produisent les uns après les autres (*Nouvelle star, Eurovision*, patinage artistique, etc.), les notes sont de plus en plus élevées au fur et à mesure que les concurrents passent, que les juges attribuent les notes au fil des prestations ou à la fin. Selon lui parce que quand le niveau d'une compétition est élevé, toute originalité d'un concurrent par rapport aux précédents est particulièrement remarquée.

(Source : *News@nature.com*)

Discours

Le contexte : conférence, colloque, congrès, meeting…

L'enjeu : arriver à informer, sensibiliser, faire adhérer des personnes d'autant plus différentes que l'auditoire est nombreux

Le handicap : tract de l'orateur

À faire :

• La veille, relisez vos notes et visuels, faites défiler mentalement vos idées, puis mettez-vous en situation (l'idéal : dans le lieu de votre prestation), imaginez votre public présent et répétez votre intervention de A à Z. Prévoyez aussi une ou deux « joke » pour recapter l'attention.

• Habillez-vous très sobrement le jour dit pour concentrer l'attention sur votre visage et vos propos.

• Placez-vous face au public et adoptez une posture détendue : bassin et buste dans le même axe, tête levée, les pieds ouverts en V, les bras légèrement écartés, mains ouvertes, pour établir un contact corporel global.

• Avant de commencer, regardez l'assemblée en silence, d'abord loin dans la salle, ensuite plus près ; regardez aussi ceux qui sont sur les côtés.

• Quand vous parlez, ne le faites pas dans le vide, allez chercher le regard d'un participant, ensuite changez d'interlocuteur à chaque idée.

À ne pas faire :

• Se balancer d'avant en arrière, croiser ses mains devant le bas-ventre (un geste archaïque de protection devant un « dominant »), les mettre dans ses poches, s'appuyer (sur un mur, un pupitre...) pour se donner une contenance.

• Rester bras ballants ; sortez vos mains de votre espace corporel (50 centimètres devant vous) et ouvrez-les vers votre auditoire.

• Plonger la tête dans ses notes (apprenez-les par cœur) sans regarder l'auditoire.

Le risque : absence totale de réaction de l'auditoire ou, à l'opposé chahut monstre (exemple, l'Assemblée nationale).

Vingt-trois trucs anti-trac

Le trac, on n'y échappe pas, mais il y a des trucs, bien connus des acteurs ou de tous ceux qui ont l'habitude de parler en public, qui permettent d'en neutraliser les effets.

La veille

• Organisez une diversion : repas fin, cinéma, nuit sexy...

• Endormez-vous avec une bonne fatigue physique.

• Répétez-vous que tout se passera bien (méthode Coué).

• Demandez à tous vos amis d'appeler pour dire combien vous êtes formidable.

• Visualisez la situation, l'événement que vous appréhendez, imaginez son déroulement avec, pour vous, une fin heureuse (remise de diplôme, félicitations...).

• Rappelez-vous votre Sénèque et dites-vous qu'il y a des choses contre lesquelles on ne peut rien.

• Allez au hammam, prenez un sauna, un bain brûlant : la chaleur libère des endorphines qui restaurent le plaisir et la confiance en soi.

• Anticipez l'action, la répéter si c'est possible, préparez soigneusement les détails techniques.

• Prévoyez des solutions de rechange (« si je n'ai pas mon permis, j'achète un scooter », « si je ne décroche pas le job, je pars en vacances »).

• Fuyez l'anxiété des autres.

• Supprimez le café surtout à haute dose (idem pour l'alcool et tous les stimulants chimiques).

• Faites une cure de magnésium pour renforcer vos défenses.

• Mangez du chocolat : la thiamine qu'il contient est un régulateur de l'affectivité, un dopant de l'énergie.

• Buvez du lait chaud avant de vous endormir : il contient du l-trytophane, l'un des meilleurs remèdes contre l'insomnie : il réactive les sentiments de sécurité de la petite enfance.

• Prenez des vitamines C et B si l'effort doit être soutenu.

Le jour J

• Dégagez votre plexus et respirez profondément.

• Fermez les yeux et évadez-vous une fraction de seconde.

• Ouvrez la bouche pour décompresser et retrouver votre équilibre intérieur.

• Asseyez-vous pour éviter la sensation jambes molles et retrouver votre tonus musculaire.

• Assis, penchez le corps en avant, mettez votre tête entre vos genoux pour stopper les vertiges.

• Bâillez ou éternuez pour débloquer votre gorge.

• Pincez-vous violemment pour provoquer une diversion.

• Fixez votre interlocuteur entre les sourcils pour éviter d'être intimidé par son regard.

Intervention

Le contexte : séminaire, conférence de presse...

L'enjeu : dire l'essentiel en moins de quinze secondes

Le handicap : arriver à sortir de l'anonymat

À faire :

• Préparez une présentation en quatre cinq phrases (dans le cas d'un séminaire) : « Bonjour, je m'appelle (prénom, nom), je suis (titre, fonction), je fais (intention, projet, ambition)... »

• Préparez trois quatre questions très claires et courtes, pertinentes, dans le cas d'une conférence de presse.

• Levez-vous et attendez quelques secondes que les regards se concentrent sur vous, d'abord celui de l'orateur, ensuite celui des participants dans la salle, avant de parler.

• Présentez-vous brièvement avant de poser votre question (prénom, nom, votre fonction).

• Remerciez pour l'attention qu'on vous a accordée, les réponses qu'on vous a données, avant de vous rasseoir.

À ne pas faire :

• N'avoir qu'une bonne question à poser, elle risque d'être posée par quelqu'un d'autre.

• Parler en regardant par terre ou en l'air, sans regarder la ou les personnes à qui vous vous adressez.

• Susurrer quand vous n'avez pas de micro (projetez votre voix) ou « hurler » quand on vous en donne un (parlez normalement).

Le risque : qu'on ne vous donne pas la parole ou, si vous l'avez, que les gens assis devant vous ne se retournent pas (ne vous entendent pas, ne soient pas intéressés...).

Ar-ti-cu-le !

Voici quelques phrases de cours de diction pour vous exercer à haute voix et gagner en élocution.

Plus de clarté (ouverture de la bouche) : « Oh ! La belle grosse, grasse, blanche fille, comme elle a de beaux gros gras blancs bras ! »

Plus de netteté : (palais, langue, dents) : « Ton thé t'a-t-il ôté ta toux ? »

Plus de précision (lèvres) : « Un vieux voyou violeur voulait voler Violette. »

Plus de force (maxillaires) : « Petit pot de beurre, quand te dé-petit-pot-de-beurreriseras-tu ? Je me dé-petit-pot-de-beurreriserai quand tous les petits pots de beurre se dé-petit-pot-de-beurreriseront. »

PARTIE V

Les négociations efficaces

CHAPITRE 17

Douze techniques pour convaincre

On bricole pour obtenir une grande faveur (prime de fin d'année) ou un petit service (prendre un vendredi). Les grands hypnotiseurs, les publicitaires et autres pros de la négociation ou de la vente ont des techniques bien plus élaborées pour influencer les choix, arriver à leurs fins. Voici douze astuces pour mieux faire passer vos messages et obtenir tout ce que vous voulez.

1/ Respecter les rituels sociaux

« Comment ça va ? », « Alors, la forme ? » Un psy américain, Howard, a démontré que nos petites phrases rituelles, auxquelles nous répondons tout aussi rituellement, loin d'être inoffensives, ont un effet d'influence. Elles engagent : quelqu'un qui répond qu'il se sent bien, se sent obligé de se montrer « bien » et accepte plus volontiers de répondre favorablement à une requête. Demander à quelqu'un comment il se porte (et enchaîner : « Ah, je suis heureux de l'apprendre » si la personne répond positivement ou « Oh, je suis désolé de l'apprendre », si c'est négatif) avant de proposer quelque chose, multiplie les chances de s'entendre répondre positivement (25 % contre 10 %).

2/ Créer un espace d'intimité

Vous ne devez pas présenter votre « marchandise » n'importe où n'importe comment. Assurez-vous d'être au calme (si des cantonniers sont en train de défoncer la rue au marteau-piqueur à côté, inutile d'essayer). Installez votre interlocuteur confortablement : fauteuil ou canapé accueillant plutôt qu'une chaise qui fait mal aux fesses, à la bonne température (les magasins vendeurs sont toujours hyper bien climatisés hiver comme été pour rendre le client plus souple). Montrez-vous convivial. On est plus réceptif dans une ambiance déjeuner, après une tasse de thé ou un éclair au chocolat. Offrez quelque chose pour établir un lien (loi ancestrale de l'hospitalité qui induit la réciprocité). Jadis, c'était le rituel de la cigarette, aujourd'hui, un Tic Tac fait très bien l'affaire.

3/ Éviter les demandes directes

Non, vous ne voulez rien, vous ne réclamez rien, vous n'avez rien à vendre. La première chose à faire quand on veut obtenir quelque chose, c'est de biaiser. Deux psys de l'université de Bretagne-Sud, Guéguen et Fisher-Lokou, ont sollicité plus de 3 600 personnes dans la rue afin qu'elles donnent un peu d'argent : 43 % ont donné quand la demande était indirecte (on leur demandait d'abord l'heure) contre 28 % en demande directe.

Mieux même, ils donnaient en moyenne plus (0,37 contre 0,28).

4/ Copier son interlocuteur

Plus vous lui ressemblez, mieux c'est. Imitez ses gestes, jeux de physionomie, intonations, les tics de langage, les attitudes, façon de s'habiller. Tous les travaux en psychologie sociale montrent qu'on préfère et qu'on aide plus ceux qui nous paraissent familiers. Par exemple, vous faites tomber un dossier ou vos paquets, il y a plus de chances que quelqu'un vous aide à les ramasser s'il a la même apparence vestimentaire (même style, mêmes couleurs) que vous. Plus étonnant, vous pouvez obtenir trois fois plus de réponses favorables de quelqu'un qui porte le même prénom que vous.

5/ Répéter tout ce qu'il dit

Cela peut sembler un gag, mais la méthode est d'une redoutable efficacité. C'est ce que les psys appellent « l'effet caméléon ». Il s'agit de répéter systématiquement ce que dit votre interlocuteur en reprenant ses propres mots, ses propres sentiments, par exemple : « Comme vous venez de le dire… », « En fait, si je t'ai bien compris… », etc. Une équipe de psychologie sociale de la Radbout University Nijmegen (Hollande) a montré qu'on se montre plus généreux avec les personnes qui nous imitent. Par exemple, dans un restaurant, les clients donnaient plus souvent un pourboire (8 % contre 52 %) et des pourboires plus importants (en moyenne,

3,18 couronnes contre 1,36) quand la serveuse, qui prenait la commande, répétait systématiquement ce que demandait le client au lieu de se contenter de dire « C'est noté » ou « J'ai bien compris ».

6/ Dire à son interlocuteur qu'il est libre

C'est le meilleur moyen de conduire quelqu'un à faire ce qu'on voudrait qu'il fasse. De nombreuses expériences ont montré que l'évocation de la liberté influençait favorablement les comportements. Quand on demande quelque chose à quelqu'un en lui disant « vous êtes libre de… » ou « vous faites comme vous voulez », « c'est vous qui voyez », etc., le taux de réussite est multiplié par trois.

7/ Lui faire sentir son importance

Flattez son ego (subtilement), c'est le meilleur moyen pour éveiller l'intérêt de quelqu'un et s'assurer de sa bonne coopération. C'est ce qu'on fait à la télé en demandant aux stars leur avis sur des problèmes dont ils n'ont pas idée pour renforcer leur self-prestige et s'assurer de leur bonne coopération. Par exemple, à Sophie Marceau de s'exprimer sur l'avenir des ostréiculteurs du bassin d'Arcachon ou à Patrick Bruel, quelles conséquences aura l'entrée de la Turquie dans l'Union européenne sur le trou dans la couche d'ozone. « Nous plaisons souvent parce que nous faisons du bien à l'estime de soi de l'autre », fait remarquer le psychiatre François Lelord.

Dix stratagèmes pour séduire à coup sûr (enfin presque)

Séduire, vous savez, bien sûr. Mais parfois vous tombez sur un os. Comment mettre dans sa poche (d'amour) les réfractaires, faire craquer les « hommes-citadelles », les « femmes-murailles » ? Voici la méthode, presque infaillible. C'est celle qu'utilise Solal pour séduire Ariane dans *Belle du Seigneur* d'Albert Cohen. Tous les stratagèmes classiques de la séduction, avec en plus l'élément surprise, qui changent des plans drague habituels et la rendent redoutable.

• Annoncez froidement à la personne que vous avez dans le collimateur que vous allez la séduire. Mieux, fixez-vous une limite, trois heures si vous êtes très sûr de vous (comme Solal), trois jours si vous l'êtes moins. D'habitude, on séduit toujours l'air de ne pas y toucher. En procédant de cette manière, vous bénéficiez d'entrée d'un fort pouvoir séducteur.

• Démolissez systématiquement dans son esprit vos éventuels rivaux, l'autre ou les autres qui comptent pour elle.

• Jouez les grandes stars. Vous êtes au-dessus des conventions qui régissent habituellement les rapports sociaux et amoureux. Qu'est-ce que vous en avez à faire après tout qu'elle soit mariée ou qu'elle ait des enfants ?

• Jouez les durs. Vous êtes indépendant, vous n'avez besoin de personne et surtout pas d'elle.

• Soyez cruel. Restez insensible à ses problèmes. Vous la voulez pour son meilleur pas pour son pire.

• Montrez-vous fragile pour éveiller ses instincts protecteurs (si c'est un homme), maternels (si c'est une femme), mais jouez les princesses ou les princes (pour éveiller le petit garçon-héros ou la petite fille) pas les victimes.

• Jouez les blasés. Vous avez décidé de la séduire, vous ne doutez pas un instant de votre pouvoir, vous n'avez pas besoin d'en faire trop. De toute façon, ça vous est égal.

• Soyez attentionné, faites des compliments à l'autre et dès qu'elle se met à croire à sa propre séduction, devenez indifférent, traitez-la par le mépris.

• Sexualisez vos relations d'une manière indirecte. Vous pouvez commencer par une caresse « fortuite » et finir par un contact physique appuyé.

• Mettez-la en concurrence. Vous n'êtes pas en manque de prétendants. C'est d'ailleurs pour ça que vous n'avez que trois heures à lui consacrer pour la séduire.

8/ Le regarder droit dans les yeux

De nombreux travaux ont prouvé qu'on apprécie plus favorablement les gens qui nous regardent et, plus particulièrement, ceux qui nous regardent durablement. Guéguen et Jacob (université de Bretagne-Sud) ont par exemple montré que 66 % des personnes à qui l'on demande quelque chose consentent à la requête quand on les regarde dans les yeux contre 34 % en cas de regard fuyant.

9/ Le toucher

Un contact d'une ou deux secondes sur l'avant-bras (ou la main, l'épaule, etc.) de votre interlocuteur et vous multipliez vos chances de succès. Le toucher incite plus favorablement les gens à répondre (76 %) que l'absence de contact (47 %) ; quand il est combiné avec le regard, ça monte à 91 %. C'est ce qu'ont montré plusieurs études effectuées en France, aux États-Unis, en Israël, etc. Par exemple, les clients touchés par un vendeur dans un magasin y restent plus de temps (22,11 minutes contre 13,56) et ils achètent plus (15,03 $ contre 12,23). Et nous trouvons nettement plus sympathique le serveur ou la serveuse qui nous touche le bras dans un bar ou un restaurant (3,16 sur 4 contre 2,24) et nous leur laissons automatiquement un plus gros pourboire (17,68 % de la note contre 14,50).

10/ Se répéter

Plus vous répétez un message, plus il a de chances de s'imprimer chez l'autre. Toutes les études réalisées depuis plusieurs années dans la pub aux États-Unis comme en Europe ont montré qu'il faut au moins dix messages par jour pour influencer le comportement d'un consommateur. Et ce message a d'autant plus d'impact qu'il est associé à un élément visuel récurrent. C'est pour cette raison d'ailleurs que nombre de stars affichent un signe distinctif.

11/ Appliquer la technique du « low-ball »

« Tu as cinq minutes samedi pour m'aider à porter trois trucs ? » « Heu… oui. » « Formidable, je dois déménager tout mon ancien studio et emmener tout ça à la campagne. Ça ne t'ennuie pas de venir avec ton 4 x 4, le coffre est plus grand ? » « Heu… Non. » Pour obtenir beaucoup, il faut d'abord demander peu. C'est la fameuse technique anglo-saxonne de l'amorçage (low-ball = balle basse). Elle repose sur le fait qu'il est très difficile de dire « Non » une fois qu'on a déjà dit « Oui », même si on se rend compte qu'on s'est fait avoir. C'est ce que montre Robert B. Cialdini, un célèbre psychologue social, professeur de psychologie à l'Arizona State University. Avec la technique du low-ball, 56 % des gens acceptent de faire quelque chose et 53 % le font effectivement ; sans, 31 % seulement d'acceptation et 24 % de réalisation.

12/ S'adresser au cerveau droit…

Chez l'homme, les deux hémisphères cérébraux sont relativement spécialisés. L'hémisphère gauche pense et agit logiquement. Avec lui, on cherche des causes et des explications pour tout et on pinaille : c'est le cerveau « pessimiste ». En revanche, l'hémisphère droit est le siège de la pensée en images, de la compréhension et de l'expression non verbale. C'est lui qui nous permet de reconnaître les visages, d'identifier les choses au toucher, de voir en relief, d'entendre la musique ou de rêver. Au contraire de l'hémisphère gauche, il a une approche intuitive des choses et des gens. Différents travaux ont montré que c'est le cerveau « optimiste ». Il est mobilisé en priorité dans les expériences émotionnelles agréables, positives, alors que le cerveau gauche l'est dans les émotions désagréables, négatives.

Les lésions, par exemple, de l'hémisphère gauche provoquent des réactions d'inquiétude intense, des crises de larmes, de la dépression. Au contraire, les lésions de l'hémisphère droit se traduisent par des réactions d'indifférence, des crises de fou rire, de l'euphorie.

Autre expérience, les dessins animés ont plus d'effet quand ils sont projetés dans le champ visuel gauche (hémisphère droit). Inversement, les films d'horreur sont plus efficaces quand ils sont projetés dans le champ visuel droit (hémisphère gauche). Pour influencer, il faut donc s'adresser au cerveau droit :

- Placez-vous à 45° à la gauche de votre interlocuteur (votre droite à vous, pour qu'il vous regarde de l'œil gauche) pour parler à son « cœur » plutôt qu'à sa « raison ».
- Jouez de la musique classique. De nombreuses expériences ont montré qu'elle a des vertus apaisantes (par exemple, elle fait baisser le niveau sonore des conversations dans une cafétéria, une cantine...) et favorise une image positive (par exemple, elle pousse à passer plus de temps et à dépenser plus dans un magasin ou restaurant).

– Exprimez-vous avec conviction et chaleur pour faire vibrer sa corde sensible. Pour gagner en « sincérité », répétez : « Oh ! La belle grosse, grasse, blanche fille – comme elle a de beaux gros gras blancs bras ! »
– Illustrez vos propos, employez un langage imagé, des mots concrets plutôt qu'abstraits : par exemple, « Je sens... » ou « Je vois... » plutôt que « Je pense... » ou « Je crois... », « L'amour est un jardin fleuri et le mariage un champ d'orties » (proverbe finlandais) plutôt que « On n'a pas d'avenir ensemble ». Toutes les études sur la cognition montrent aussi qu'une information a plus d'impact, de présence à l'esprit (est mieux mémorisée aussi) quand elle est associée à un élément visuel.
– Dites « Nous » au lieu de « Toi et moi » ou « Vous et moi » : « Quand pouvons-nous parler de mon augmentation » plutôt que « Quand est-ce que vous avez l'intention de m'augmenter ? » Le cerveau droit est aussi le cerveau associatif.
– Ne contrez pas les objections. Ça ferait automatiquement rebasculer votre interlocuteur sur son cerveau gauche. Au contraire, quand vous sentez une réticence, « épousez-la ». Mieux même, jouez votre propre avocat du diable : « Bien sûr, vous pourriez me reprocher que... », « C'est vrai, je ne suis pas une sainte... » En acceptant les arguments de votre adversaire, en les reconnaissant pour légitimes, vous le rassurez.
– Pratiquez des ruptures brutales. En changeant soudainement d'attitude, de comportement (par

exemple, vous vous arrêtez de parler en plein milieu d'une phrase, vous vous levez pour aller examiner une plante verte, vous défendez le point de vue contraire...), vous créez un effet de surprise qui contribue à le déconnecter de ses fonctions logiques.

Comment ça marche l'hypnose ?

M.H. Erickson, le plus grand spécialiste américain de l'hypnose, affirmait que 80 % des relations humaines fonctionnent sur des bases hypnotiques. Le principe : endormir le cerveau cortical (celui qui pense, critique) pour obtenir ce qu'on veut du cerveau limbique (celui qui ressent, agit en automatique). Comment y parvenir ?

• Isoler de manière sensorielle le « patient » dans une position aussi confortable que possible (pour diminuer les tensions musculaires), dans un lieu calme, silencieux, une température de la pièce ni trop chaude ni trop froide.

• Focaliser son attention (pour le déconnecter de son cortex) sur un objet (la lumière d'une bougie, un pendule, ses propres yeux...).

• Lui demander de fermer les yeux (isolation sensorielle à nouveau) pour l'inciter au calme.

• Répéter d'une voix lente et monotone les mêmes injonctions : « vous êtes tout à fait détendu », « sentez comme votre bras est lourd », « la chaleur vous envahit »...

Techniques d'hypnose pour communiquer et convaincre : Guide pratique, Dany Dan Debeix, Catherine Descré, éditions Guy Trédaniel.

Chapitre 18

Maîtriser un entretien

Un échange mal maîtrisé, ça veut dire que vos idées, vos arguments, ne sont pas retenus. Vous parlez beaucoup pour ne rien dire. Au bout d'un moment, plus personne ne sait de quoi il s'agit. Vous perdez de vue votre objectif, et votre interlocuteur se demande où vous voulez en venir. Pour maîtriser un entretien, les grands négociateurs utilisent cinq techniques et ont recours à la langue de bois chaque fois que c'est nécessaire.

Cinq techniques pour conduire un entretien

Créer un contact par le regard

Normalement, on ne doit pas regarder fixement son interlocuteur (ça crée un malaise). Mais vous devez regarder votre interlocuteur au fond des yeux pour établir le contact, ponctuer les moments importants de votre discussion (après une idée, un argument, une question, une réponse...).

Poser des questions

Quand quelque chose nous tient à cœur, on est souvent trop anxieux ou trop confiant et on n'en dit pas assez ou beaucoup trop. En posant des questions à votre interlocuteur, vous prenez un double avantage. Vous évitez d'en dire trop ou pas assez et vous obtenez des informations sur ses intentions.

Donner des coups de sonde
Votre interlocuteur peut être sincère sur le moment, mais vous ne devez pas vous contenter de ses premières déclarations (surtout si elles sont laconiques). Creusez un peu, en alternant questions directes et hypothèses, pour découvrir ses réelles intentions à votre égard.

Manier le silence
Un silence, ça laisse le temps à une idée, un argument, une question, de faire son chemin dans la tête de votre interlocuteur. Le risque, c'est d'être « aspiré » par son silence à lui, par exemple s'il ne répond pas à une question. Dans ce cas, posez une autre question moins impliquante.

Écouter les réponses
Souvent, au lieu d'écouter les autres, on écoute ce qui nous passe par la tête. Pour bien écouter, la méthode consiste à répéter ce que dit l'autre en reprenant ses propres mots (par exemple, « Comme vous venez de le dire… », « En fait, si je vous ai bien compris… »). On a vu aussi (voir chapitre 17) le pouvoir de « l'effet caméléon ».

Apprendre à parler la langue de bois

La langue de bois, c'est le b.a.-ba de la persuasion. On l'enseignait autrefois dans les cours de rhétorique (l'art de bien parler). Aujourd'hui, c'est le petit-lait que tètent les énarques et autres bébés décideurs. Toute une panoplie de vieilles astuces langagières qu'utilisaient déjà Aristote et Cicéron. Ça date tellement qu'on pourrait penser qu'on est tous vaccinés, mais ça marche toujours. C'est la base du discours chez les politiques, les diplomates, les avocats et les hommes d'affaires.

Savoir parler la langue de bois, c'est utile, même quand on ne fait pas carrière. Par exemple, pour convaincre la baby-sitter de traverser tout Paris en grève (trois heures au minimum) pour garder Arthur un mercredi après-midi, ou le plombier d'abandonner un vrai chantier pour venir changer un joint dans votre salle de bains. Voici vingt trucs pour convaincre à bon compte vos interlocuteurs.

- Commencez vos phrases en disant « Je sais... », « Je crois... », « Je sens... », etc. Ça donne une apparence de sens à des choses qui n'en ont pas. Par exemple : « Je sais que vous et moi, ce n'est pas seulement professionnel. » Ça ne prouve rien, ça ne vous engage à rien, mais vous avez l'air sincère.
- Faites parler les faits quand vous devez annoncer quelque chose de désagréable. Par exemple : « Dans la conjoncture actuelle, c'est peut-être une bonne chose qu'on n'ait pas gagné ce budget. Qui sait si nous aurions été payés. »

• Niez d'emblée ce dont on pourrait vous soupçonner pour exorciser le négatif : « Je ne veux pas vous forcer la main… »

• Exprimez des valeurs. Par exemple, votre patron vous demande « Est-ce que vous me faites confiance ? » et que vous êtes embarrassé pour répondre oui ou non, dites : « Je crois en la sincérité. »

• Parlez en termes définitifs (jamais, aujourd'hui plus que jamais, toujours, etc.), absolus (ne dites plus « C'est bien », mais « C'est méga bien », ne répondez pas simplement « Oui » quand on vous demande si vous vous appelez bien Nicole, mais « Tout à fait »).

• Truffez vos propos de phrases toutes faites : « Le mieux est l'ennemi du bien », « À l'impossible, nul n'est tenu », « On ne peut pas avoir le beurre et l'argent du beurre », etc.

• Employez des métaphores. Par exemple, « Celui qui est à terre ne peut aider celui qui tombe » (proverbe anglais), au lieu de dire tout bêtement « Non ».

• Faites corps. Dites « Nous » au lieu de « Vous et moi », « Si nous allions parler de ma prochaine augmentation » au lieu de « Je voudrais vous parler de… ».

• Créez-vous un slogan qui « verrouille » votre image dans l'esprit de vos interlocuteurs. Par exemple, « Marie, la reine des chiffres », même si vous avez du mal à calculer une TVA à l'envers, ou « Jérôme, le roi de la purée », même si vous faites des grumeaux une fois sur deux.

• Jouez votre propre avocat du diable : « Bien sûr, vous pourriez me reprocher de… », « C'est vrai, je ne suis pas une sainte… »

• Ressortez les grands poncifs : « La femme est l'avenir de l'homme », « Ce qui est important, c'est l'essentiel »...

• Prenez l'habitude d'apostropher les gens en général et votre patron en particulier : « Vous, mes chers collègues... », « Vous, l'Andy Wharol de la finance, le Bill Gates de la plomberie... », etc.

• Pratiquez l'anaphore. Ça consiste à commencer des séries de phrases par les mêmes mots. C'est comme une incantation. Au lieu de dire, « Je vous apprécie parce que vous êtes un patron formidable », dites : « Je vous apprécie parce que c'est vous. Je vous apprécie pour vos idées. Je vous apprécie parce que vous m'appréciez... »

• Dressez des constats pour vous donner une apparence d'objectivité : « C'est vrai que... », « Il faut dire que... », « On peut voir que... », etc.

• Faites référence à ce qui a été dit : « Comme vous l'avez dit vous-même... », « On avait dit que... » (quand ça ?).

• Répétez les mêmes formules pour faire du bourrage de crâne. Comme Alain Delon, par exemple, qui serine à chaque fois qu'il parle : « Alain Delon, il... »

• Prenez les devants face à une éventuelle contradiction : « Je voudrais réfléchir avec vous... », « J'aimerais bien voir avec vous... »

• Jouez sur des oppositions pour dramatiser les enjeux : hier/aujourd'hui, aujourd'hui/demain, vouloir/pouvoir, dire/faire, croissance/décroissance, structurel/conjoncturel, etc.

• Présentez les choses comme des conséquences (vous n'y êtes pour rien) plutôt que comme des effets (c'est toujours un peu de votre faute). Vous vous dédouanez mieux en disant : « J'ai eu une panne d'ordinateur, c'est pourquoi j'ai pris du retard » au lieu de : « J'ai pris du retard parce que j'ai eu une panne d'ordinateur. »

CHAPITRE 19

Décrypter les signes non verbaux

Attitudes, postures, expressions du visage... Toutes les études effectuées par les psychosociologues du langage montrent que 60 à 70 % de la communication est non verbale. Nous parlons avec les mots, mais beaucoup plus avec notre corps.

Les attitudes

Voici quatorze attitudes très révélatrices des intentions de vos interlocuteurs.

Mains serrées

Votre interlocuteur serre ses mains ? Mauvais signe, c'est qu'il est contrarié par ce que vous lui avez dit ou qu'il repousse la proposition que vous venez de lui faire.

Main grattant la nuque

Attention danger ! C'est presque toujours le signe d'une réaction très négative à votre offre ou à votre point de vue.

Mains jointes devant soi (en prière)

Symptomatique de monsieur ou madame « Je sais tout ». Ce geste s'observe souvent chez les consultants, les experts-comptables et les avocats-conseils.

Index posé sur la joue

C'est le signe que votre interlocuteur ne s'intéresse pas le moins du monde à ce que vous lui racontez ou alors, si vous venez de lui faire une proposition, qu'il ne la trouve pas satisfaisante.

Assis, mains posées sur les aines

C'est l'attitude typique de refus du dialogue. Inconsciemment, votre interlocuteur vous signale que vos points de vue sont inconciliables.

Assis ou debout, main gauche agrippant l'avant-bras droit

Au cours de la conversation, votre interlocuteur agrippe son avant-bras droit de sa main gauche ? C'est le signe qu'il se sent en position d'infériorité, qu'il avoue son échec ou son incompétence.

Main couvrant la bouche, coude en appui

Une main qui cache la bouche entre le pouce et l'index, c'est presque toujours un signe de grande méfiance. Votre interlocuteur ne vous croit pas tout à fait honnête ou ne vous prend pas au sérieux.

Chevilles croisées

Votre interlocuteur croise ses chevilles sous sa chaise ? Mauvais signe. Il n'est pas disposé à vous écouter. Rien à voir avec vous, simplement, ce n'est pas son jour ou le moment, alors reportez l'entretien.

Assis, jambes écartées, mains en appui sur les cuisses

C'est au fond une attitude de fausse soumission. Votre interlocuteur vous dira oui même s'il n'est pas d'accord ou s'il ne peut pas, mais vous ne pouvez pas compter sur lui, il vous lâchera.

Assis, coude en appui, index droit couvrant les lèvres, pouce en retrait sous le menton

Voilà un très bon signe. Il montre que votre interlocuteur vous écoute attentivement et qu'il considère vos arguments ou votre proposition avec beaucoup d'intérêt.

Jambe gauche croisée sur la droite

Chez un homme, c'est un signe de désaccord ; s'il les décroise pour les croiser aussitôt dans l'autre sens, c'est que vous avez réussi à le convaincre. Chez une femme, c'est au contraire une marque d'intérêt, mais si elle décroise et recroise, vous avez été déceptif.

Coude en appui, joue posée sur la main

Un autre très bon signe. Vos arguments portent, vos propositions intéressent. Votre interlocuteur manifeste ainsi qu'il a besoin d'en savoir plus pour prendre une décision en votre faveur.

Bras croisés
C'est l'attitude défensive typique, le signe que votre interlocuteur est totalement fermé à vos arguments ou vos propositions. Soit parce qu'il n'a pas confiance, soit parce qu'il est réfractaire à tout ce qui pourrait bouleverser ses habitudes.

Assis, jambe en équerre
Une autre attitude défensive (elle accroît le territoire corporel), notamment en situation de négociation. C'est le signe que votre interlocuteur est peu intéressé par vos propos, pas convaincu par vos arguments.

La gestuologie, ça ne date pas d'hier

En 1949, un émissaire (le père de Patrice Bougrain-Dubourg) est chargé par le gouvernement français d'établir les premiers contacts diplomatiques avec la nouvelle république de Chine de Mao. Au terme des négociations, qui se passent plutôt bien, ses interlocuteurs lui proposent d'exaucer trois souhaits. Voir la Grande Muraille de Chine ? Rapide concertation : accepté. Visiter la Cité interdite au cœur de Pékin ? Concertation un peu plus longue : accepté aussi. Et enfin : qui est cette personne qui n'a pas dit un mot durant quinze jours ? Les Chinois se concertent beaucoup plus longuement. « On le lui dit, on ne le lui dit pas ? » Finalement, ils avouent. « Cet homme-là observait vos gestes et communiquait par signes avec nous. Il nous disait quand vous étiez sincère ou pas, quand vous étiez sûr ou non de ce que vous avanciez, si vous pouviez céder ou non », etc. Bref, un interprète des gestes, un diseur de vérité, comme il en existe en Chine depuis toujours. On en trouve même dans les banques à Hong Kong, chargés de débusquer les mauvais payeurs. Parfois, un patron, souvent un Occidental, les licencie sous prétexte de réaliser des économies. Résultat : 40 % à 60 % d'impayés en plus chaque fois.

La direction du regard

La direction du regard (mouvements rapides – moins d'une seconde – des yeux vers le haut, le bas, etc.) est un bon moyen aussi pour juger quelqu'un : pas ce à quoi il pense, mais comment il pense.

Les yeux en haut à gauche (du point de vue de l'observateur)

Ça montre qu'on voit quelque chose qu'on n'avait pas vu avant. Cela peut être une nouvelle idée, la compréhension d'une situation, la découverte d'une opportunité...

Les yeux en haut à droite

C'est le signe que l'autre se souvient de quelque chose de déjà vu. Un souvenir qui peut être positif (« Intéressante cette femme, elle me rappelle un peu une amie d'enfance ») ou négatif (« La dernière fois que quelqu'un m'a dit ça, je me suis fait avoir »).

Les yeux au milieu, dans le vague (regard dans le vide avec légère dilatation de la pupille)

C'est la preuve que l'autre s'interroge (« C'est quoi cette proposition, du lard ou du cochon ? »), qu'il doute de l'autre (« Il me raconte des craques ? ») ou de lui (« Je risque de faire une bourde ») ou qu'il a hâte d'en finir (« Vite, qu'il me lâche »).

Les yeux au milieu à droite

Votre interlocuteur entend des sons extérieurs : ça montre qu'il n'écoute pas vraiment (il suit la conversation de la table ou du bureau d'à côté...).

Les yeux au milieu à gauche

Il entend des sons intérieurs : ça montre que votre vis-à-vis ne comprend pas (il écoute ses pensées au lieu de vous écouter, ou alors il a l'esprit occupé par la dernière chanson à la mode ou un jingle publicitaire).

Centrés, fixes, ne clignant presque pas (moins de deux-trois battements/minute)

Ça révèle l'idée obsédante, la crainte (d'être soupçonné de mauvaise foi, harcelé ou agressé), le mensonge ou la mauvaise intention.

Les yeux en bas à gauche

Votre interlocuteur éprouve des sensations (« Cet homme-là me donne la chair de poule ») ou des émotions (« Il me fait craquer », « Il me fiche la trouille »...), ou prémédite quelque chose (« Il le prendra mieux si je lui annonce les choses en douceur ») ou dissimule (« Qu'est-ce qu'il m'ennuie avec ses histoires »).

Les yeux en bas à droite

C'est le signe d'un dialogue en interne : « J'y vais (je sais que je ne devrais pas) ou je n'y vais pas (mais j'en ai très envie) », « C'est quoi le mieux, sa proposition ou celle du concurrent ? »

En haut au milieu

Le signe d'un dialogue avec des « puissances supérieures » : votre interlocuteur en appelle au ciel, à Dieu, au destin, à la chance, etc. Il reconnaît son impuissance ou se résigne à une situation bloquée, à une incompréhension.

Chapitre 20

Négocier comme un pro

Draguer un homme pour une nuit, se faire épouser pour la vie, se faire faire un, deux ou trois bébés, offrir une nouvelle voiture ou deux semaines aux Bahamas... Ou décrocher un contrat, une promo, obtenir une augmentation, ses mercredis libres, se faire offrir un nouvel ordinateur ou une formation de trois mois en multimédia...

Parfois avec un peu de charme et un grand sourire, c'est dans la poche. Mais, souvent, on doit se battre comme des malades pour arracher plus d'argent, de temps libre ou d'avantages, des petits services ou des grandes faveurs. Tout ça, parce qu'on bricole. Les pros de la négociation ou de la vente ont, au contraire, des techniques éprouvées pour influencer les choix, arriver à leurs fins. Ces techniques, on peut aussi les utiliser pour obtenir de son patron, son banquier ou sa femme, ou son mari, tout ce qu'on veut. Deux conditions cependant : bien évaluer sa demande et respecter les différentes étapes par lesquelles passe toute négociation.

Bien évaluer sa demande

Avant d'entamer une négociation avec quelqu'un, vous devez toujours vous mettre à sa place et évaluer ce que cela représente pour lui. Pour cela, vous devez prendre en compte trois critères, ce que dans le jargon marketing on appelle : l'implication (forte ou faible), la valeur (fonctionnelle ou symbolique) et la différenciation (facile ou difficile).

Premier critère : l'implication

C'est le niveau de risque que vous demandez de prendre à votre interlocuteur. Par exemple, c'est plus facile pour votre patron de vous accorder une promo s'il n'est pas obligé d'engager quelqu'un pour vous remplacer à votre poste, de vous accorder une enveloppe de frais plutôt qu'une grosse rallonge de salaire. Et puis ça dépend de ses moyens. Un chéri fauché réfléchit deux fois avant de se fendre d'une semaine de rêve aux Bahamas. Vous trouvez plus facilement un homme pour vous raccompagner si c'est sur son chemin. Plus difficilement si vous habitez à Perpète-les-Oies.

Deuxième critère : la valeur

Quelle valeur cela a-t-il pour quelqu'un de faire quelque chose pour vous ? Est-ce seulement technique ou aussi « affectif » ? Par exemple, ce que vous demandez à quelqu'un peut être à sens unique : il « paye », mais ça ne lui rapporte rien. Ou, au contraire, il peut en retirer quelque chose : c'est aussi son intérêt, en vous faisant plaisir, il se fait plaisir, etc. Dans un cas, c'est frustrant : il a l'impression de perdre quelque chose, de se faire avoir. Dans l'autre, c'est gratifiant : il fait valoir son intelligence, sa générosité, son autorité, sa bienveillance ou son amabilité à vos yeux, aux siens et à ceux des autres…

Dernier critère : la différenciation

Pourquoi quelqu'un ferait-il quelque chose pour vous en particulier ? Qu'est-ce qui vous différencie des autres ? Êtes-vous plus compétent, moins cher, plus performant, plus sympathique que les autres ? C'est toujours plus facile si la différence est marquée. Votre patron vous prête une oreille plus attentive si vous faites 30 % de mieux que tout le monde, vous êtes toujours tout sourire, ses concurrents essaient de vous débaucher, etc.

Le petit noir rend réceptif

Négocier un contrat, demander un service, une augmentation, une promo, négocier avec un client, un chéri, commencez par offrir une tasse de café ! Un scientifique australien a montré que deux tasses de café pour une personne de 60 kilos rendent la « cible » beaucoup plus réceptive et donc plus à même de dire « oui ».

(Source : Université de Queensland – Australie)

Neuf étapes pour bien négocier

Une bonne négociation (vous obtenez l'essentiel de ce que vous voulez) passe par un certain nombre d'étapes auxquelles vous devez réfléchir avant de vous lancer.

1/ Se fixer un objectif maximal et minimal

Un bon vendeur se pose toujours deux questions : « Quel est le résultat précis que je cherche à obtenir ? » et « Est-ce que je suis sûr de pouvoir y arriver ? », et se donne une marge de manœuvre. En vous fixant un objectif avec une hypothèse haute (optimiste) et une hypothèse basse (pessimiste), vous pouvez vous adapter en cours de négociation. Un client ou votre patron peuvent vous dire non aujourd'hui et oui demain. À condition que la négociation reste ouverte. Si vous démarrez par « Je veux 20 % de mieux, c'est à prendre ou à laisser... » ou « Décidez-vous, c'est aujourd'hui ou jamais ! », c'est difficile après de rabattre vos prétentions ou d'embrayer sur « Peut-être demain ? ».

2/ Croire au succès

Quand on veut quelque chose, il faut le vouloir vraiment. Si, au fond de vous-même, vous n'êtes pas convaincu de vos droits, de vos mérites (c'est juste une velléité, un caprice, vous n'êtes pas sûr de pouvoir assurer après, etc.), de la qualité de votre produit, ou encore qu'un client ou votre patron puissent dire oui, ce n'est même pas la peine d'essayer. La règle, pour réussir, c'est de ne pas se représenter l'échec. Sinon, à la première difficulté, le doute s'insinue (« Je le savais bien », sous-entendu « Il me trouve nul, pas sympathique... »).

3/ Se demander si l'autre a le pouvoir de dire oui

Si vous argumentez face à quelqu'un qui n'a pas le pouvoir de décider, vous perdez votre temps. Votre patron a peut-être les moyens nécessaires pour décider, mais il n'en a pas la liberté. Il a envie de vous accorder ce que vous voulez, mais il doit rendre des comptes à ses associés. Il veut encourager votre carrière, mais il n'est pas encore prêt pour le « mariage ». Ou, au contraire, sa marge de manœuvre est limitée (il ne peut pas décider tout seul, il n'a pas l'argent pour, etc.), mais il est très motivé, persuadé qu'il a besoin de vous. Dans ce cas, c'est une question de temps. Vous devez lui laisser le temps (de convaincre les autres, de se donner les moyens...). La patience est la première des vertus d'un bon manipulateur.

4/ Faire jouer ses « prescripteurs »

Tout comme vous, votre « cible » est influençable. Elle a ses éminences (pas forcément grises) dont elle respecte le jugement, en qui elle a confiance. Vous devez les identifier et les utiliser en cultivant leur amitié. Mettez-vous bien (pas trop quand même) avec son meilleur ami, sa maman, sa grande sœur, son assistante (surtout si elle le materne), son patron, ses associés... La partie est à moitié gagnée si vous « soignez » tous ceux qui peuvent influencer la décision. Ils se feront un plaisir de parler en votre faveur.

5/ Se mettre sur la même longueur d'onde

Manipuler, c'est faire passer un message. Pour cela, votre interlocuteur doit être disponible. Essayez de vous mettre à sa place. Est-il dans de bonnes dispositions ? A-t-il confiance ? Pensez à ce qui peut le motiver. Montrez de la compréhension pour son point de vue. Même si vous avez l'intention de l'entraîner sur vos positions. Dans tous les cas, vous avez besoin de comprendre son mécanisme de pensée, ses critères de décision. Si visiblement, il n'a pas dormi de la nuit, s'il est à cran, en situation d'urgence, ce n'est pas le moment. Attendez qu'il soit dans de bonnes dispositions psychologiques. Meilleurs moments : le matin avant d'affronter tous les problèmes de la journée, ou le soir (autour d'un verre) après les avoir réglés. Évitez les lundis (les débuts de semaine sont durs pour tout le monde) ou de démarrer entre deux portes (prenez plutôt rendez-vous).

6/ Trouver la corde sensible

On fait plus facilement les choses qui nous font plaisir. Un bon vendeur sait trouver la corde sensible et la faire vibrer. Inutile de faire appel à la raison ou à la logique. Jouez plutôt sur les besoins émotionnels de votre interlocuteur : survivre (financièrement), ne pas commettre d'erreur, être aimé, apprécié, se faire respecter, avoir confiance. Par exemple, si vous le sentez anxieux (« On ne sait pas où ça nous mène »), vous devez d'abord le rassurer (« On peut faire un essai »).

7/ Traduire sa demande en « bénéfice client »

Le principe, c'est de faire coller votre objectif avec les propres intérêts de votre interlocuteur. Forcément, il est plus ouvert, plus attentif, plus disposé à vous écouter et, éventuellement, à vous donner ce que vous lui demandez. Alors évitez de dire « moi, moi, moi » ou « je, je, je » et mettez en avant les avantages pour lui. Par exemple, si vous voulez obtenir de votre patron une grosse rallonge de salaire, laissez tomber les « Je l'ai bien mérité ». Vos performances passées sont du passé. Essayez plutôt : « Je me défoncerai trois fois plus », ça le rassurera sur l'avenir. Ou si vous voulez un bébé, laissez tomber les « Ça me ferait tellement plaisir », « J'ai toujours voulu être maman », etc. Essayez plutôt : « Je suis sûre qu'il sera aussi beau que toi », « Ça va drôlement diminuer tes impôts », etc.

Réussir sa négo : décrochez pendant les pauses

C'est ce que montre une étude réalisée par les universités de Leyde et d'Amsterdam (Pays-Bas). Les psys ont constaté que ceux qui employaient les pauses en cours de négociation à des tâches distractives (jouer à un jeu vidéo, se repoudrer le nez, chanter *l'Internationale*...) arrivaient plus facilement à des accords plus avantageux pour les deux parties que ceux qui utilisaient leur temps de pause à ruminer ce qui s'était dit durant la négociation.

(Source : *Journal of Experimental Social Psychology*)

8/ Décrocher un oui

Le moment de vérité. Souvent on n'ose pas. On a peur d'un refus, d'être rejeté. Si votre patron vous dit rarement « oui », c'est que vous ne demandez pas comme il faut, que vous ne demandez pas assez souvent. « Demandez, il vous sera donné », a dit Jésus sans donner la recette pour décrocher des « oui ». En fait, pour obtenir un accord, un engagement, il faut toujours éviter les questions fermées du type : « On se marie bientôt oui ou non ? », « Vous la signez ou non cette commande ? », « Vous m'augmentez bientôt oui ou non ? »… « Non ! »

• Utilisez les alternatives : « Tu voudrais plutôt un grand mariage ou quelque chose d'intime ? », « Mon augmentation, vous la voyez comment, 20 % de mieux ou panachée avec des frais en plus ? » La réponse de votre interlocuteur vous donnera la tendance. Même si elle est négative, ce n'est pas un non catégorique.

• Faites des hypothèses. Votre demande (surtout si elle est très impliquante) représente un changement, un risque ou un inconfort, pour votre vis-à-vis. En utilisant des formulations hypothétiques (« Si on passe la nuit ensemble, on va chez toi ou chez moi ? », « Si on fait un bébé, tu vois comment sa chambre ? », « Si pendant trois mois, je continue à faire les mêmes résultats, on pourra envisager de revoir mon salaire ? », « Si Machin s'en va, ça vous semble possible que je le remplace ? »), vous l'imprégnez d'une image mentale qui l'amène en douceur à accepter le changement.

9/ Persévérer en cas de refus

Vous avez franchi toutes les étapes, mais, au dernier moment, votre interlocuteur fait objection. C'est normal. Le *statu quo* est toujours plus confortable qu'un changement. Votre projet a forcément des inconvénients. Vous devez prévoir ses éventuelles objections, logiques ou émotionnelles, pour pouvoir y répondre, éviter que la situation se bloque. Sans pour autant les provoquer. Inutile de tendre le dos pour vous faire battre. Une objection (surtout de dernière minute), c'est souvent aussi le signal que votre interlocuteur est prêt à « signer », qu'il a besoin d'un dernier coup de pouce pour dire oui.

PARTIE VI

La vie de bureau

CHAPITRE 21

Faire sa place en « open space »

« Open space », ton univers impitoya-a-ble ! Économie de mètres carrés (de 10 à 40 %), management plus performant (grâce à la proximité visuelle et auditive), l'open space est l'avenir du col blanc. Plus de communication, plus de réactivité, de travail en équipe, mais aussi nettement plus de stress et de sources possibles de conflits. Comment mieux communiquer dans ces nouveaux villages ?

À deux

L'idéal : on forme un « team » naturel avec un collègue compétent, discret et gentil.

On est complémentaire (par exemple, un directeur artistique et un concepteur-rédacteur dans la pub), on travaille sur les mêmes dossiers. On est de niveau et de fonction équivalents, ou alors l'un est le supérieur direct de l'autre. Dans ce cas, la relation est conviviale, peu hiérarchique. Chacun profite de l'expérience de son voisin. Deux cerveaux valant mieux qu'un, on est plus efficace : on s'assiste et on se soutient mutuellement. L'un prend les messages de l'autre quand il n'est pas là, les absences sont moins remarquées. On est aussi solidaire face aux problèmes, plus fort face aux critiques ou en cas d'hostilité de la part des autres (patrons, rivaux, etc.).

L'enfer : les jobs n'ont rien à voir
Un commercial ou une assistante qui passent leur vie au téléphone cohabitent avec un analyste qui doit se concentrer sur ses données, un rédacteur qui rédige des rapports ou, pire, doit fournir un travail créatif. Ou alors on doit supporter une personnalité perverse, médiocre, stupide, acariâtre, désordonnée, qui ne fait pas sa part de travail, sent mauvais, parle fort, etc.

Le contrat : on fixe des règles d'organisation
Qui est là, et quand, et des règles de fonctionnement : qui fait quoi et comment pour arriver à travailler même en cas de grosse incompatibilité. Des règles de savoir-vivre aussi : ranger ses dossiers régulièrement, parler bas, restreindre les conversations privées... On négocie pour la gestion de l'espace commun : aucun des deux ne doit s'étaler, pas de déco personnelle envahissante et on garde ses distances. L'astuce pratique : une séparation de 40 centimètres de haut entre les bureaux se faisant face, qui minimise la perception des mouvements du collègue.

« Mon coéquipier change d'humeur. Il est très sympa quand nous sommes seuls, en tête à tête, mais limite odieux avec moi dès qu'on est en réunion ! »

Stéphanie, 28 ans, commerciale

Bref, c'est un sacré faux-cul ! Mais au lieu de dire du mal de vous dans votre dos, il le fait devant tout le monde. L'ennuyeux, c'est qu'il n'a sans doute pas conscience d'être tout miel en « privé » et de vous casser en « public ». Si vous lui dites « Tu as vu comment tu me traites devant les autres ! », il ouvrira de grands yeux très étonnés (et vous trouvera un peu, beaucoup, parano). Pourquoi cette duplicité ? À deux, vous ne lui faites pas peur, il peut se montrer sympa ; à plusieurs, vous devenez une concurrente, une rivale, il faut qu'il se démarque. Et c'est plus facile en étant odieux avec vous car vous ne risquez pas de riposter vu vos relations plutôt cool. Comment « normaliser » la situation ? En répondant du tac au tac. Adoptez la même attitude que lui (la technique dite « en miroir ») ! Ça le déstabilisera et il vous demandera des explications. Vous pourrez alors mettre les choses au point.

À trois ou à quatre

L'idéal : le calme et la concentration règnent

On forme une vraie équipe, qui travaille dans le même domaine (par exemple, trois commerciaux qui se partagent un même marché) et vise le même objectif. Ou alors chacun a son propre domaine d'activité, par exemple dans une petite structure Internet, un webmaster, une commerciale et un administratif. Chacun respecte le travail des autres et s'efforce de lui faciliter la vie. Par exemple, si le commercial est dans une négo épineuse au téléphone, on n'en profite pas pour appeler sa copine et lui raconter sa dernière nuit d'amour. On s'entraide, par exemple avant de se lancer dans une recherche ou un livre de process, on peut obtenir plus vite l'information dont on a besoin pour faire avancer son travail. Et on se soutient dans l'adversité (on rebondit mieux, plus vite, après un raté ou un échec personnel).

L'enfer : les personnalités sont en conflit

On est rivaux, on se tire dans les pattes (par exemple, en retenant des informations capitales, voire en donnant de fausses informations). Pire, il y en a deux (ou trois) qui se liguent contre un autre et font tout pour l'éliminer : le harcèlent ou le mettent en quarantaine (ne lui adressent pas la parole), sabotent son travail, le débinent auprès du « big chief », etc.

Le contrat : on lisse les différences

On met en commun les moyens (agenda partagé, bases de données, etc.) et on fluidifie la cohabitation par des règles élémentaires de courtoisie. On oriente les bureaux en triangle (pas deux faces à face plus un) pour « égaliser » les relations et ne pas avoir l'autre dans son champ de vision immédiat. L'astuce pratique : les téléphones avec casque qui amènent naturellement à parler à voix basse.

« J'ai une bonne copine au bureau, mais elle est tout le temps collée à moi, ça me gêne. »

Fanny, 32 ans, journaliste

Quelqu'un qui « colle » au bureau, même par sympathie (pas spécialement de la drague), cherche (inconsciemment) à vous mettre mal à l'aise. On a tous une zone intime (rayon de 60 centimètres autour de soi) réservée à nos familiers. Franchir cette limite sans notre permission est une manœuvre d'intimidation, une façon de montrer sa dominance.

Dans le monde du travail, les lois de territorialité sont extrêmement codées (comme chez les animaux). Par exemple, s'asseoir face à face de chaque côté d'un bureau = se confronter ; bord à bord à angle droit = coopérer ; côte à côte = collaborer. Alors, respectez-les : ne posez pas vos fesses sur le bureau de votre chef, ne vous asseyez pas à sa place, n'entrez pas dans un bureau, même ouvert, sans un signe, même si cela doit faire violence à votre esprit démocratique.

Et quand un collègue s'approche à moins de 50 centimètres, reculez tout en parlant ou levez-vous brusquement et allez chercher un truc pour l'obliger à dégager.

La ruche (de quatre à dix personnes)

L'idéal : on est une vraie « force de frappe »

Un pool de traders, une rédaction de presse... Chacun dispose d'une surface « vitale » (12 à 15 mètres carrés) Peu de différences hiérarchiques (le manager ou le chef de service est logé à la même enseigne), l'info circule mieux, plus vite, ça ne criaille pas dans tous les sens, on peut se concentrer. L'ambiance est classe, feutrée, courtoise. En plus de son propre travail, chacun participe à la vie même de l'entreprise. Les seniors forment les juniors qui s'initient en douceur. Les talents sont plus vite repérés, les carrières connaissent des accélérations rapides.

L'enfer : tout le monde est entassé

Les bureaux sont disposés de façon aléatoire sur un immense plateau mal insonorisé, sans cloisons. Chacun se calfeutre comme il peut : remparts de dossiers, accumulations d'objets fétiches plus moches les uns que les autres). Ça crie dans tous les sens et la concentration est impossible. Il a été démontré que la perte de productivité atteint 20 % au-delà d'un certain seuil de nuisance acoustique.

Le contrat : on apprend à vivre ensemble

On sourit, on dit bonjour. On baisse son niveau sonore personnel : jamais d'éclats de voix, on éteint son mobile ou on le met sur vibreur. On sort dans le couloir pour ses communications personnelles. On a une hygiène corporelle suivie, un parfum discret. Pas de cigarette ni de nourriture au bureau. Et on s'assure qu'on n'envahit pas les autres avec sa vie privée (pas d'objets personnels ostentatoires, etc.). L'astuce pratique : des mi-cloisons pour « isoler ».

« Je partage mon bureau avec un garçon qui sent vraiment le fauve, qu'est-ce que je peux faire ? »

Mélanie, 37 ans, chargée de prod

Quelqu'un qui sent « mauvais », ça peut être un problème d'hygiène : il ne prend pas une douche tous les jours, il ne lave pas ses vêtements ou ses dents. Dans ce cas, vous devez le prendre à part, devant un café par exemple, et avec des gants, pour ne pas l'humilier. Lui expliquer gentiment à quel point c'est gênant et lui demander de corriger le tir : les douches, les brosses à dents, les déodorants, ce n'est pas fait pour les chiens ! Une mauvaise odeur, ça peut être aussi une maladie liée à un dérèglement hormonal et/ou émotionnel : il transpire de manière excessive et c'est l'horreur en cas de stress ou de mauvaise alimentation. Soit il le sait (on le lui a déjà dit), soit il ne le sait pas (on ne se « sent » pas soi-même). Mais là idem, vous devez le prendre à part, en précisant que si vous en parlez, ce n'est pas pour vous moquer, mais pour l'aider à prendre conscience de son problème et/ou à le résoudre. Dites-lui aussi que vous savez que c'est involontaire, que ça n'a rien à voir avec son hygiène et que ça ne remet pas du tout en cause ses capacités ou son travail. Et si vous voulez l'aider encore plus, défendez-le quand les autres se moquent de lui derrière son dos.

L'usine (plus de dix personnes)

L'idéal : une culture de « cellules »

En s'appuyant sur le mobilier et des cloisons mobiles, l'open space est fractionné en plus petits espaces à dimension humaine, où chacun peut recréer son univers. Bonne insonorisation (moquette et plafond de qualité), lumière douce et agréable, décoration prévue dans son ensemble (bureaux design, jolies plantes...), bonne aération, ménage rigoureux... Chacun dispose d'un minimum d'intimité et de calme pour travailler dans les meilleures conditions.

L'enfer : un univers concentrationnaire

Comme en prison, on se sent sous surveillance permanente : l'œil du chef omniprésent et le regard des autres. Tout est amplifié. Une réflexion, une réprimande, et tout le monde est au courant. Le moindre désaccord entre collègues prend des proportions énormes. C'est le règne des rumeurs, des médisances, des clans se forment, se déchirent. On se sent en insécurité (vols, parano...). Le niveau sonore est tellement bas (tout le monde vit dans la peur de se faire remarquer) que le moindre bruit fait l'effet d'une explosion.

Le contrat : on adopte des règles tacites de bonne conduite

On met en place des solidarités en s'organisant avec son ou ses voisins les plus proches (par exemple, pour répondre au téléphone, au patron, en cas d'absence, etc.) et des rituels de convivialité (pause-café, mini-réunions informelles, fous rires...) pour détendre l'atmosphère. L'astuce : des petits bureaux fermés de réunion (et de concentration, de confidentialité) à disposition des salariés en accès libre.

Ce qu'ils en pensent

63 % des salariés trouvent les « open space » trop bruyants. Rien ne vaut un bureau pour se concentrer.

Pour 20 %, c'est la meilleure organisation pour communiquer avec son équipe.

9 % s'en fichent : open space ou bureau, ça leur est égal.

6 % aimeraient essayer.

(Source : Monster)

CHAPITRE 22

Désamorcer le harcèlement light

A *priori* ce n'est pas du harcèlement. Tout se passe sur le mode « tout le monde il est beau, il est gentil ». Mais c'en est quand même. Le copinage tout sourire cache souvent des tentatives plus ou moins conscientes de déstabilisation.

Les compliments

« Mes hommages du matin, vous êtes superbe ! »

« Ouaouh, on s'est acheté de nouvelles chaussures ?! »

Sauf exception, les seuls compliments acceptables (réellement valorisants) sont ceux qui concernent votre travail et vos compétences. Les remarques sur les vêtements ou le physique (idem les « Ma belle », « Mon mignon » très fréquents dans les milieux requins de la pub, la com, les RP, etc.) sont des moqueries voilées ou visent à vous réduire (plus ou moins consciemment) à un morceau de viande. Surtout quand c'est systématique et devant les autres.

Comment gérer : surtout ne rosissez pas de plaisir en balbutiant « merci » (vous passez au mieux pour une oie blanche, au pire, pour une fille facile ou le gigolo de service). N'imaginez pas que vous êtes spécialement canon ou que le chef des ventes est amoureux de vous. Ramenez vite fait les choses sur un terrain professionnel : « On devait se voir pour parler de... », « Il faut que je retourne bosser »... Et donnez le moins prise possible aux commentaires. La règle : s'habiller comme les autres avec juste le petit détail mode qui fait la différence. Donc exit les effets de tenue (hyperbranchée, chicos, etc.), les bermudas ou les minis ras la foufounette en réunion (sauf si votre patron en porte aussi).

Les indiscrétions

« Tu sais, Dubois, il a pas l'air comme ça, mais c'est un vrai salaud ; il a fait pleurer la nana qui était là avant toi, son adjoint s'est suicidé, bla-bla... »

« Ne le répète pas... Mais Sophie essaye de récupérer ton bureau... »

Vous débarquez dans une nouvelle boîte, un nouveau service. À peine installé, vous êtes soigneusement « briefé » par radio-couloir sur les uns et les autres. Non, ce genre d'indiscrétion n'est pas une marque de confiance, ne vous donne pas spécialement de l'importance. En fait, quand vous débarquez dans une mini-société humaine (un inévitable chaudron de rapports de force, de luttes de pouvoir), vous représentez (en tant que petit nouveau, vierge de tout cancan) un enjeu objectif (dans quel « camp » vous situerez-vous, qui soutiendrez-vous ?...). Plus simple encore, vous servez de poubelle : les autres viennent vider leur agressivité et leur stress. Pire : on cherche à vous faire peur, à vous miner le moral et à vous monter contre quelqu'un.

Comment gérer : prenez les confidences, les avertissements (les anodins comme les plus monstrueux) en haussant les sourcils et en disant : « Ah bon ? », « Tu crois ? » Ce ne sont que des rumeurs (même quand c'est vrai), pas des infos. Ne vous y fiez pas aveuglément (Dubois n'est sans doute pas un saint, mais votre interlocuteur non plus). Et faites la part du feu : ça n'empêche pas votre interlocuteur de sauter au cou de Dubois cinq minutes plus tard avec une joie non feinte, ni d'aller dire dans votre dos du mal de vous à Sophie. Bref, jouez-la comme un Suisse : vous n'avez pas d'infos, pas d'avis, vous êtes neutre.

« Six mois à l'essai, je suis noyée ! Je ne comprends rien à ce qu'ils racontent en réunion. "Elle est top la body", pour moi, c'est du chinois ! »

Louise, 34 ans, chef de produit

« Elle est top la body, méga corporate, elle va faire saliver les petits actionnaires ! » Non, le dircom n'a pas l'intention d'inviter la piétaille au prochain défilé de Victoria Secret. La « body », c'est le texte qui va avec le visuel d'une pub ; « corporate », ça veut juste dire que l'annonce met en avant plus la boîte elle-même (son excellence, ses performances...) que ses marques, produits ou services. Tous les corps de métiers ont leur jargon et ça s'est aggravé depuis qu'on parle « franglais ». En plus, certains en abusent (par exemple les informaticiens) pour asseoir leur pouvoir. Donc, il n'y a pas de honte à ne pas tout comprendre. A priori, si on vous a engagé, c'est parce que vous avez des compétences. Le reste, vous pouvez l'apprendre sur le tas. Quand ça ne touche pas directement à votre domaine d'activité, vous pouvez laisser filer. Il y a des astuces langagières aussi pour en savoir plus mine de rien. Genre « Admettons, mais vous voulez dire quoi au juste ? » ou « J'aimerais bien que vous développiez, qu'on soit sûr d'être sur la même longueur d'onde ». En revanche, si votre patron vous dit « Ils se sont plantés dans l'info, regardez l'ours et voyez avec le responsable de la rubrique s'il y a moyen de faire passer un rectificatif », là vous n'avez pas trente-six solutions : ou vous retournez à votre nounours ou vous posez la question « C'est quoi un ours ? » (la liste des collaborateurs d'un journal).

Les va-et-vient

« Tu viens me voir dans mon bureau SVP ? »

« Tu peux aller porter ça au cinquième étage SVP ? »

Chouette, un peu de mouvement ! Ne vous réjouissez pas trop vite de quitter votre coin… Contrairement à l'école où les déplacements sont limités (« Reste à ta place »), dans l'entreprise, c'est la sédentarité qui est dominante : plus vous « bougez », moins vous êtes considéré (« Va chercher, bon chien-chien »). Même quand c'est récré, c'est toujours le dominé qui se déplace chez le dominant (les gens discutent autour de lui, prennent un café dans son bureau…).

Comment gérer : si c'est votre chef qui vous convoque dans son bureau pour vous parler d'un truc en particulier, c'est normal. N'accourez pas en jappant de joie ou de terreur (marchez d'un pas normal !), mais ne le faites pas poireauter sous prétexte d'affirmer votre indépendance (rebelle mollasse). Si c'est pour vous remonter les bretelles, c'est mieux (la peau de vache le ferait devant tout le monde). En revanche, évitez de lever vos fesses systématiquement pour visiter un « égal » ou pire un subalterne.

Les intrusions

« Tu vois, j'ai pensé qu'on pourrait traiter le sujet comme ça... »

« Dis donc c'est mignon cette petite couette, c'est la mode ? »

Non, cette collègue qui vous colle épaule contre épaule n'est pas bien intentionnée, non ce fringant collaborateur qui vous caresse la joue n'est pas un dragueur marrant : ils cherchent à vous mettre mal à l'aise. (1) On a tous une zone intime (rayon de 60 centimètres autour de soi) réservée aux personnes qui nous sont très familières. Franchir cette limite sans notre permission, c'est toujours une manœuvre d'intimidation, une façon de montrer sa dominance. (2) Dans le monde du travail, les lois de territorialité sont extrêmement codées (comme chez les animaux). Par exemple, s'asseoir face à face de chaque côté d'un bureau = se confronter ; bord à bord à angle droit = coopérer ; côte à côte = collaborer.

Comment gérer : respectez scrupuleusement les hiérarchies (ne posez pas vos fesses sur le bureau de vos chefs) et l'espace (n'entrez pas dans un bureau, même ouvert, sans un signe), même si cela doit faire violence à votre sensibilité et votre esprit démocratique. Si le comptable ou la fille de la promo s'approche à moins de 50 centimètres, reculez tout en parlant, faites une pirouette et rétablissez la distance intime. Et si quelqu'un vient derrière votre bureau et vous colle son gros bide ou ses seins contre les épaules comme un chien qui vient se frotter, levez-vous brusquement et allez chercher un truc pour l'obliger à dégager.

« Je travaille trop vite... Tout le monde m'en veut ! Mais franchement, je ne vois pas l'intérêt de traîner sur un dossier. Je préfère bosser que m'ennuyer. »

Perla, 26 ans, assistante de direction

L'entreprise, c'est comme l'école, les bons sont toujours très mal vus, à tous les niveaux hiérarchiques. Normal, ça confronte les autres à leurs faiblesses : incompétence, paresse, je-m'en-foutisme, etc. C'est pire quand, en plus, on travaille vite ! Vingt minutes pour pondre un mémo sur lequel les autres rament une journée, trois heures pour boucler un dossier qui prend la semaine... Cela dit, vous devez vous poser la question. Votre zèle n'est-il pas une manière (inconsciente) de « mettre minable » les gens avec qui vous travaillez ? Notamment pour vous faire bien voir (toujours inconsciemment) du chef ? Si oui, c'est le moment de raboter votre complexe de supériorité. Continuez à bosser bien, mais prenez plus de temps pour être un peu plus en rythme avec les autres. Autre hypothèse : vous êtes surqualifiée pour votre job actuel. Dans ce cas, essayez d'évoluer (promotion interne) ou de bouger (nouveau job plus dans vos compétences).

La fausse compassion

« C'est formidable d'avoir trouvé une fille comme toi ! C'est fou ce que tu apportes à la société ! »

« C'est dégueulasse ce qu'ils te demandent de faire… »

Ah vraiment, ils se soucient de vous chez Placard Haballais ! Votre bureau, votre salaire, votre entretien d'embauche, le temps que vous mettez en métro, vos conditions de travail intéressent tout le monde. Vous ne pouvez plus aller faire pipi sans que trois personnes se jettent sur vous (à l'entrée, dedans et à la sortie des toilettes) pour vous demander si ça va. Vous prenez ça pour des marques de sympathie, vous avez tort : en fait, ça vise, en faisant de vous un sujet de conversation et d'apitoiement, à vous faire perdre toute confiance en vous. Ou à casser votre motivation (en vous disant que vous êtes tombée dans une boîte de merde), ou encore à exciter votre parano (et vous pousser à la faute).

Comment gérer : éludez les questions personnelles autant que possible, donnez un minimum d'infos tant que vous ne connaissez pas bien vos interlocuteurs. Et, surtout, si vous êtes coincé, que vous ne pouvez pas faire autrement que répondre, insistez toujours sur le bon côté des choses : votre bureau est pratique (même si ce n'est pas le Ritz), votre salaire doit être révisé à la hausse (même si ce n'est pas le Pérou), votre entretien d'embauche était sympa (la preuve, vous êtes là) et vous adorez lire dans le métro (donc vous ne voyez pas le temps passer). Bref, vous êtes une grande fille ou un grand garçon, vous savez ce que vous faites, où vous voulez aller et vous n'avez besoin de personne pour vous plaindre.

Le « petit service »

« Ça t'embêterait de nous faire un petit café, ma jolie ? »

« Je suis charrette, tu peux briefer Duschmoll à ma place ? »

Quand c'est demandé de manière aussi adorable, il faudrait être bien pimbêche ou bien chien pour refuser ! Sauf que ça devient systématique (vous vous tapez tous les jours les corvées des autres), une escalade (« Ça t'ennuie pas d'aller me chercher un cornichon-beurre au bar du coin ? », « Tiens, puisque tu as briefé Duschmoll, autant que tu reprennes le dossier »). Que tout le monde embraye (« Tiens, puisque tu y vas, tu peux me rapporter un Coca ? », « Et à moi, un paquet de chips ! »). Vous vous retrouvez vite dans le rôle de Cosette ou du pompier de service. Au mieux, c'est une manière (plus ou moins consciente) de vous abaisser (vous ne valez pas le travail pour lequel vous êtes payé) ; au pire, une façon de vous empêcher de vous organiser (pendant que vous courez partout, que vous remplacez tout le monde, vous ne faites pas votre travail).

Comment gérer : dites toujours oui la première fois (vous êtes une fille, un garçon sympa), mais refusez toujours la seconde. Surtout pas de mouvements d'humeur (et de réflexions genre « Je ne suis pas ta bonniche »). Défilez-vous en prétextant le manque de temps : vous avez trop de boulot, un travail urgent à finir, Machin (un supérieur pour celui qui vous demande de lui rendre service) qui vous attend, etc. Et surtout enfoncez-vous bien l'idée dans votre (joli ?) crâne : on ne se fait pas aimer en disant oui à tout ; plus vous dites non, plus vous vous faites respecter.

Le patron confident

« J'ai eu beaucoup de mal à monter cette boîte... J'ai pas toujours été aidé... »

« Ça se passe bien avec Machine, vous la trouvez pas un peu parano ? »

Méfiez-vous d'un patron trop sympa qui vous raconte sa vie, s'épanche de ses difficultés ou qui s'intéresse trop à vous (vous promet promo, pognon, monts et merveilles, fait du favoritisme immotivé, etc.). Soit il (elle) cherche (tout bêtement) à vous mettre dans son lit (« On pourrait prendre un verre après le bureau, je voudrais mieux vous connaître »). Soit il se sert de vous. Pour avoir des infos (vous demander votre avis sur Untel, c'est une manière de vous encourager à cafter) ou pour déstabiliser les autres (régner en divisant). Ou alors, c'est un vicieux : il teste votre capacité à la discrétion.

Comment gérer : si vous voyez venir le loup (un cochon lubrique, une truie luxurieuse), glissez dans la conversation que vous êtes maquée avec un grand jaloux (champion de boxe thaïe, routier musclé...) ou une tigresse pour désamorcer et faites des rappels (« Ce soir, mon Rambo passe me prendre »). S'il vous demande votre avis sur le travail d'un ou d'une autre (ou pire sur sa personnalité), refusez d'entrer dans la confidence : ça vous range automatiquement contre l'autre, vous vous faites un ennemi mortel et ça peut se retourner contre vous (surtout s'il s'agit de quelqu'un au-dessus de vous dans la hiérarchie). Posez d'emblée que vous avez pour principe de ne jamais parler des absents. Tout ça, bien sûr, avec beaucoup de tact.

Les « bonnes » plaisanteries

« Ouaahh ! Tes escarpins, tu fais du surf avec ? »

« Tu es tellement formidable, ta mère t'a pas inscrit pour Loft Story ? »

Les petites remarques ironiques, c'est comme les verres : une fois ça va, après deux ça devient pénible. Les plaisanteries ou la franchise sympathique (genre « Je t'aime bien donc je peux tout te balancer »), c'est beaucoup moins innocent que ça ne paraît. Non seulement, ça permet à celui qui les fait de vous agresser sous une forme socialement acceptable (en mettant les rieurs de son côté). Mais c'est aussi une manière insidieuse de vous dévaloriser parce que ce n'est jamais facile d'y répondre, sauf à avoir un sens pharamineux de la répartie.

Comment gérer : éviter de surréagir en riant bêtement avec les rieurs (vous passez pour un gogol), en vous drapant dans une dignité outragée (vous vous faites une réputation de fille ou de mec pas cool, susceptible) ou en accusant le plaisantin de mauvaises intentions (ça vous classe direct dans les paranos). Contentez-vous de prendre les choses avec le sourire et indifférence (genre la bave du crapaud n'atteint pas la blanche colombe), ne faites pas de commentaires (ni en bien ni en mal), changez vite fait de sujet et décrochez : « Tout ça c'est rigolo, mais j'ai du boulot qui m'attend ! »

Chapitre 23

Manipuler son entourage

Comment évaluer les gens avec qui on travaille ? Sur quels critères les juger ? Et surtout comment mieux les « manipuler » ?

Au début du XXe siècle, deux psychologues cliniciens, Heymans et Wiersma, adressent des questionnaires à trois mille médecins hollandais et allemands : quatre-vingt-dix questions très précises (réponse par oui ou non) qu'ils leur demandent de poser aux patients et à leur famille.

Objectif de l'étude : déterminer toutes les composantes du caractère. À l'issue de cette formidable enquête qui prend des années, Heymans et Wiersma mettent en évidence trois facteurs fondamentaux du caractère : l'émotivité (émotif/non émotif), l'activité (réactif/proactif) et l'orientation de la personnalité (extraverti/introverti).

Analysant la répartition de ces facteurs, leurs proportions relatives, dans la population étudiée, ils définissent huit grands types caractériels. À leurs yeux, ces types ne prétendent pas épuiser toute la richesse et la diversité d'un être humain, mais ils représentent une bonne différenciation statistique des caractères individuels.

Validée en France par les travaux de Le Senne, et après lui de Gaston Berger, cette typologie constitue, aujourd'hui, pour la plupart des spécialistes des ressources humaines, le système le plus abouti de définition du caractère.

Voici une série d'affirmations plus ou moins contradictoires. Cochez chaque fois celle (a ou b) qui vous semble le mieux coller à la personnalité de ceux qui travaillent pour vous ou avec vous.

Son attitude dans le travail

1. a. Il prend tout très à cœur, même les petites choses sans importance ou qui ne le concernent pas directement. E
   b. Il est assez distancié par rapport aux événements en général ; il n'est ému que quand c'est important ou grave. nE

2. a. Il tient à ses habitudes ; il n'aime pas l'imprévu. I
   b. Il déteste tout ce qui est routinier, prévu d'avance. Ex

3. a. Il s'indigne facilement devant une injustice, même s'il n'est pas concerné. E
   b. Il a tendance à accepter les choses comme elles sont, même quand ça le contrarie personnellement. nE

4. a. Il est plutôt remuant : il a du mal à rester assis derrière son bureau. P
   b. Il est plutôt calme ; il ne court pas tout le temps d'un bureau à l'autre. R

5. a. Il ne supporte pas le désordre. I
   b. Un peu de désordre ne le dérange pas outre mesure. Ex

6. a. Il se montre très anxieux devant les changements (réorganisation, rachat, fusion, absorption, etc.). E
   b. Il semble plutôt impatient de changer. nE

7. a. Dans son boulot comme dans sa vie, il cherche à se conformer à ses principes. I
   b. Il préfère s'adapter aux circonstances. Ex

8. a. Il change fréquemment d'humeur sans raison apparente. E
   b. Il est la plupart du temps d'humeur plutôt égale. nE

9. a. Il s'inquiète souvent pour des choses sans importance. E
   b. Il se fait rarement du souci. nE

10. a. Il donne souvent l'impression d'être malheureux. E
    b. Il a l'air plutôt content de son sort. nE

Son rapport à l'action

11. a. Il a du mal à rester inactif même quand il n'a rien à faire ; il a toujours besoin de s'occuper. P
    b. Il peut rester des heures à rêvasser quand il n'a rien d'urgent à faire. R

12. a. Il se soucie toujours des conséquences lointaines de ses décisions. I
    b. Il s'intéresse d'abord aux résultats immédiats. Ex

13. a. Il a souvent du mal à concrétiser ses idées, à passer à l'acte, même quand il a pris une décision. P
    b. Il n'a pas de difficulté pour faire ce qu'il a décidé ; il n'attend pas pour agir. R

14. a. Il fait souvent des plans, des listes, des programmes (emploi du temps, activités, loisirs). I
    b. Il agit plutôt sans règle précise, en fonction des circonstances et de son humeur du moment. Ex

15. a. Il parle souvent de ce qui a été ou aurait pu être. P
    b. Il préfère agir, faire des projets, préparer l'avenir. R

16. a. Il va toujours jusqu'au bout de ce qu'il a commencé. I
    b. Il a tendance à ne pas finir les choses. Ex

17. a. Quand il doit faire quelque chose, il le fait tout de suite. P
    b. Il a souvent tendance à remettre les choses au lendemain. R

18. a. Il a tendance à se décourager facilement en cas de difficulté. P
    b. Il est stimulé par les difficultés. R

19. a. Il se décide toujours très rapidement, même dans les cas difficiles. P
    b. Il a souvent du mal à prendre des décisions, même pour des choses simples. R

20. a. Il ne recule pas devant l'effort quand il pense que ça peut améliorer les choses. P
    b. Il se contente du statu quo quand ça demande trop de travail pour changer les choses. R

Sa relation aux autres

21. a. Il est très susceptible. Il a du mal à supporter les critiques, même quand elles sont fondées. E
    b. Il accepte plutôt bien les critiques, surtout quand elles sont constructives. nE

22. a. Quand il demande à quelqu'un de faire quelque chose, il ne peut pas s'empêcher d'être sur son dos pour veiller à ce que tout soit bien fait comme il faut. P
    b. Quand il délègue, il n'y pense plus ; il fait confiance (jusqu'à preuve du contraire). R

23. a. Il a tendance à perdre ses moyens quand il est embarrassé. E
    b. Il ne se trouble pas facilement, même quand il est dans une position un peu difficile. nE

24. a. Il décroche vite quand il doit se contenter d'écouter sans rien faire. P
    b. Il reste attentif même quand ça dure longtemps. R

25. a. Il monte souvent le ton. E
    b. Il parle presque toujours de façon calme et posée. nE

26. a. Il a souvent le trac quand il doit parler en public. E
    b. Il a rarement le trac. nE

27. a. Quand il doit s'absenter, il laisse des consignes strictes. I
    b. Il s'en remet beaucoup à ceux qui restent. Ex

28. a. Il est très stable dans ses sympathies (ou ses inimitiés). I
    b. Il change tout le temps d'avis sur les gens. Ex

29. a. Après une engueulade, il a du mal à passer l'éponge ; il est plutôt rancunier. I
    b. Il n'y pense plus ; il n'est pas rancunier. Ex

30. a. Il a des idées, des opinions très arrêtées ; il a du mal à changer d'avis, il s'entête facilement. I
    b. Il a ses opinions, mais il est très ouvert ; il se laisse facilement convaincre ou séduire par la nouveauté d'une idée. Ex

Comment classer vos congénères de bureau ?

Comptez les différents symboles que vous avez obtenus et reportez-vous au profil correspondant (ou aux profils correspondants en cas d'égalité entre deux symboles).

Le profil E.P.Ex. (Émotif-Proactif-Extraverti) : un « fonceur »

Sa valeur dominante : l'action

Toujours en mouvement, il a besoin d'un climat de tension pour donner le meilleur de lui-même. Généralement de bonne humeur, il manque souvent de retenue (trop démonstratif, exubérant, enthousiaste, excessif, audacieux). C'est quelqu'un qui n'hésite jamais, qui décide rapidement (revers de la médaille : il n'admet pas qu'il puisse se tromper). Souvent un meneur : il ne déteste pas monter au front, prendre des risques.

Sa force

Il a le sentiment que tout lui est possible. En plus, il ne voit pas les obstacles. Du coup, il réussit souvent là où d'autres n'oseraient même pas. Il obtient beaucoup de choses au culot, en surprenant, en étonnant ou par l'intimidation.

Sa faiblesse

Ses succès doivent toujours beaucoup à la chance ou à la faiblesse des autres. Il décide et il agit vite parce qu'il ne sait pas attendre (manque de patience). Il prend des risques parce qu'il ne sait pas être prudent.

Comment le prendre ?

Avec des pincettes : il déteste être contrarié, attendre, qu'on lui dise non. Et en évitant les conflits. Loin de l'abattre, ils lui fournissent l'occasion de faire une démonstration de force. Donc rien qui ne ressemble jamais à un choix radical ou à un ultimatum (« Ou... ou »). Non seulement, il se croit toujours assez fort pour avoir le beurre et l'argent du beurre, mais en cas d'obstacle, il fonce dans le tas (tant pis s'il va droit dans le mur !).

Le profil E.P.I. (Émotif-Proactif-Introverti) : un dominateur

Sa valeur dominante : l'œuvre à accomplir

Ultra-accrocheur, très « concentré », il est particulièrement armé pour la compétition sociale (ou amoureuse). Dominateur, apte au commandement, il a tendance à considérer la vie comme un parcours du combattant (jusqu'à présent, il n'a jamais fléchi). Ambitieux, il ne rechigne pas à l'effort et il sait attendre son heure. Et plus les enjeux sont élevés (il a le bon sens de ne pas tenter l'impossible), plus il se montre tenace.

Sa force

Une volonté très bien canalisée (la plupart du temps). Il sait ce qu'il veut, cibler des objectifs et il est d'autant plus réaliste qu'il les sait difficiles à atteindre. Il se fixe des étapes (à moyen et long terme) et il prend le temps nécessaire. Il va toujours jusqu'au bout de ses projets, quitte à supporter ou à encaisser beaucoup.

Sa faiblesse

Ancré dans ses décisions (il ne revient jamais dessus), ses choix, il a tendance à faire un blocage quand il doit improviser (face à l'imprévu) ou dans les situations d'urgence. Il prend les obstacles de front au lieu de les contourner.

Comment le prendre ?

Demandez-lui de soulever des montagnes. C'est quelqu'un qui s'engage à fond dans ce qu'il fait (il est très monomaniaque) et il ne supporte pas qu'il n'en soit pas ainsi pour les autres (le manque de motivation, la fatigue, le renoncement). Un dossier, une mission, vous devez toujours lui donner l'impression que vous avez besoin de lui à 110 %.

Le profil E.R.Ex. (Émotif-Réactif-Extraverti) : un impulsif

Sa valeur dominante : le divertissement

Il est peu régulier dans son travail (ne fait que ce qui lui plaît), très imprévisible. Il a du mal à s'organiser, à prendre des habitudes et à suivre une routine. Il a besoin de stimulation, de nouveauté, pour s'arracher à l'inactivité et à l'ennui. Ou alors il se complaît dans le « négatif ». Il cherche toujours (et il trouve) la petite bête, les risques, de bonnes raisons pour ne pas agir.

Sa force

Sa mobilité, son aptitude aux changements : il s'adapte sans difficulté à des situations, des activités, des dossiers différents. Peu attaché aux choses et aux gens, il ne souffre pas beaucoup quand ils lui manquent ou quand il les perd.

Sa faiblesse

L'indécision. En butte à un choix simple, il passe des heures à peser le pour et le contre. Il croit être objectif, impartial, mais en réalité, il est incapable de prendre parti entre deux options et, souvent *in fine*, « le contre » l'emporte sur « le pour ».

Comment le prendre ?

Confiez-lui sans cesse des missions différentes pour le garder toujours mobile, le remotiver. Et évitez de lui mettre la pression. Trop de contraintes, de problèmes, de complications, il se défile : s'enferme dans son bureau, s'invente des obligations extérieures pour disparaître, prend des airs ironiques ou ment comme un arracheur de dents.

Le profil E.R.I. (Émotif-Réactif-Introverti) : un affectif

Sa valeur dominante : l'autopréservation

Souvent anxieux ou mécontent de lui-même, il a tendance à ruminer le passé. Peu à l'aise socialement, il n'a ni le contact ni la parole faciles, plus de goût pour la solitude, la méditation que pour la vie publique, l'action. Ses ambitions restent le plus souvent au stade de l'aspiration. Il renonce facilement en cas de difficulté ou se résigne d'avance à ce qu'il pourrait pourtant éviter.

Sa force

La bonne volonté (il veut toujours bien faire), son sérieux (il fait souvent davantage et mieux que les autres), sa retenue (il ne crée jamais de problèmes), sa conscience professionnelle (il est assidu, loyal, dévoué).

Sa faiblesse

Sa maladresse dans l'action (il manque d'assurance, de confiance en lui) et dans les rapports avec les autres (il est souvent bloqué ou inhibé par ses émotions, des sentiments d'infériorité ou de culpabilité).

Comment le prendre ?

En le rassurant (sur son travail, son avenir dans la boîte, etc.), car au fond, il n'est pas fait pour l'action (trop de risques possibles), il a besoin de situations et de relations stables et durables. C'est sans doute aussi le plus conscient de ses faiblesses. Plus vous le sécuriserez, plus il sera dévoué.

Le profil nE.P.Ex. (Non Émotif-Proactif-Extraverti) : un ambitieux

Sa valeur dominante : le succès social

Il voit parfois grand, mais il ne s'attend pas à ce que les cailles lui tombent toutes rôties dans le bec. Travailleur assidu (continuellement occupé), il peut se montrer aussi assez opportuniste (tire rapidement parti des circonstances). Très sociable (il adore les mondanités), il est très habile dans le relationnel (bon observateur, spirituel, agit avec tact). Intellectuellement ouvert, il est plutôt libéral et tolérant.

Sa force

Ne jamais prendre les problèmes de front. Il fait preuve de beaucoup de réflexion avant d'agir, de circonspection ensuite. Il sait prévoir, anticiper et il a souvent plusieurs scénarios de rechange pour s'adapter.

Sa faiblesse

Il est parfois trop égoïste, calculateur. Il prend souvent des moyens très détournés pour obtenir les choses alors que ce serait beaucoup plus simple de les demander.

Résultat : il passe souvent pour un manipulateur, quelqu'un d'intéressé.

Comment le prendre ?

Fixez-lui des règles du jeu et des limites précises. Pour lui, tout (problèmes, difficultés, conflits) est prétexte à la débrouille (voire à l'embrouille). Et rappelez-les-lui systématiquement chaque fois (souvent) qu'il dépasse la ligne jaune. Et montrez-lui que vous n'êtes pas dupe, donc c'est donnant donnant : vous contribuez à son ascension, mais en contrepartie, il respecte le deal.

Le profil nE.P.I. (Non Émotif-Proactif-Introverti) : un « psychorigide »

Sa valeur dominante : la loi

Il manifeste parfois des réticences pour s'engager (peu de spontanéité), mais après c'est du sûr, de l'inébranlable. Il est aussi tenace que patient. Pour lui, une décision, une promesse (faite à lui-même ou aux autres), c'est sacré. Pas question de ne pas les tenir, de changer d'avis, de cap ou de direction. Il est, par exemple, d'une ponctualité parfaite.

Sa force

L'inébranlable fermeté de ses décisions. Quand il s'est fixé un objectif, rien ne peut l'en détourner. Ni les difficultés pratiques (il trouve les moyens), ni les imprévus (des incidents de parcours), ni le manque de soutien, voire l'opposition, des autres (il assume ses responsabilités).

Sa faiblesse

En restant fidèle à sa première décision envers et contre tout, il en devient parfois l'esclave. Il n'ose pas changer ses plans (alors que ce serait plus réaliste, plus profitable) sans se sentir inconsciemment coupable et menacé.

Comment le prendre ?

Gravement. C'est quelqu'un qui prend tout au sérieux, très distancié (de tous les collaborateurs, c'est sans doute celui qui est le plus objectif). Donc vous devez dépassionner (approches, débats, problèmes, etc.) et montrer autant de sang-froid que lui en toutes circonstances, car il est persuadé qu'il détient la vérité.

Le profil nE.R.Ex. (Non Émotif-Réactif-Extraverti) : un « velléitaire »

Sa valeur dominante : le plaisir

C'est quelqu'un qui manque de suite dans les idées. Il agit sur un coup de tête (de cœur...), mais, très vite, si ses premières tentatives ne sont pas couronnées de succès, il abandonne. Et, même quand elles le sont, il se lasse. Résultat : il commence mille choses différentes, mais il ne les finit pas. Il est assez négligent, paresseux et très peu ponctuel.

Sa force

Il est toujours très disponible, même s'il fait souvent les choses en traînant des pieds et parfois le contraire de ce qu'on lui demande, conciliant (pour ne pas se créer de problèmes), tolérant (souvent par indifférence).

Sa faiblesse

Le manque de persévérance : il est incapable d'effort, pas plus motivé par le succès que par l'échec. Il n'y a que la nouveauté pour le stimuler (passagèrement). Il a besoin de changer tout le temps. Ce qu'il ne connaît pas l'intéresse beaucoup plus que ce qu'il connaît. Ce qu'il n'a pas l'attire toujours plus que ce qu'il a.

Comment le prendre ?

Comme un dilettante. Problèmes, crises, conflits, rien ne l'affecte profondément, durablement. Il peut céder en apparence, dire oui à tout (ce qui vous fait croire que vous avez marqué des points, avancé), mais quand l'orage est passé, il est revenu à la case départ et vous en êtes au même point. Seule possibilité avec lui : jouer sans cesse la carte de l'aventure nouvelle, il n'y a que ça pour l'intéresser quelques heures ou quelques jours.

Le profil nE.R.I. (Non Émotif-Réactif-Introverti) : un « craintif »

Sa valeur dominante : la tranquillité

Celle-ci peut prendre plusieurs formes. La procrastination : il remet systématiquement au lendemain ce qu'il peut faire le jour même. L'idéalisme : il se fixe des objectifs inaccessibles (inutile d'essayer), il attend des conditions optimales pour agir (elles sont rarement réunies).

Le pessimisme : il dramatise les difficultés (réelles) ou il en imagine d'hypothétiques pour ne rien faire.

Sa force

Très en recul par rapport aux choses la plupart du temps, plus tourné vers lui-même, il est peu vulnérable aux événements extérieurs. Il s'accommode parfaitement bien de la solitude (très secret, taciturne).

Sa faiblesse

La persistance de ses comportements : il est plutôt esclave de ses habitudes, très conservateur (passéiste, intolérant) et rancunier (inimitiés, haines tenaces), pas facile à changer.

Comment le prendre ?

En lui fixant des tâches et des délais bien délimités dans le court terme. Et en évitant les confrontations. C'est quelqu'un qui est très ancré dans ses certitudes et ses préjugés. Plus vous essayez de faire pression, plus il résiste, s'accroche (à ses idées, ses projets, etc.) : il ignore ou il fait le mort et il finit par vous avoir à l'usure.

CHAPITRE 24

Prendre le leadership dans une équipe

Une équipe a toujours besoin d'un chef. Pour superviser la mise en œuvre des décisions (communes ou arbitraires), mais aussi et surtout, pour trancher en cas de conflit. Ce n'est pas toujours, d'ailleurs, le patron théorique. Souvent, le vrai leader est celui ou celle qui a le plus de charisme, ou dont les suggestions, les propositions, sont le plus souvent adoptées. D'où les luttes d'influence, les conflits de pouvoir pour prendre le leadership.

Dans une équipe, les frictions des ego sont inévitables. Et indispensables à l'avancement du projet commun… si le groupe sait les gérer sans se laisser submerger. C'est là que la convivialité, la solidarité, la capacité à créer et à entretenir des rapports d'estime mutuelle entre coéquipiers, sont plus que jamais nécessaires. Un groupe, une équipe qui marche n'étouffe pas les conflits (et les personnalités), elle évite qu'ils se transforment en duel à mort, en guerre des gangs ou des chefs. C'est là aussi que vous avez un pouvoir à prendre qui va bien au-delà de votre place dans la hiérarchie et de vos attributions spécifiques. Voici comment.

Apprendre à déléguer

Travailler ensemble, cela suppose une répartition des tâches en fonction des responsabilités, des compétences et des disponibilités. Mais on a tous plus ou moins tendance à « accumuler » inconsciemment. D'où des grosses pertes de temps. Quelques principes de base :

1/ Ne pas se croire irremplaçable

Pourquoi vous ne déléguez pas plus souvent ? Parce que vous êtes convaincu que les autres ne feront pas correctement les choses. Vous avez tort (souvent). Une des premières règles du management : pour obtenir le meilleur des autres, il faut les « soupçonner » du meilleur.

2/ Ne pas déléguer dans l'urgence

Si vous attendez d'être débordé pour vous décharger, vous le faites sur la personne disponible à ce moment-là. Ce n'est pas forcément la plus compétente, donc plus de temps perdu pour expliquer et pour vérifier que le travail est bien fait.

3/ Prendre le temps d'expliquer

Définition du travail à faire, degré de liberté accordé, résultats attendus, moyens affectés, délais… Quand vous déléguez, assurez-vous que tout cela soit clair, cela vous évitera de perdre du temps plus tard (en explications supplémentaires ou pour corriger le tir).

4/ Faire confiance

Jusqu'à preuve du contraire. Inutile de déléguer si vous devez être toujours sur le dos de la personne à qui vous avez confié une tâche, un dossier, une mission... Vous perdez deux fois du temps : le vôtre et celui de l'autre (qui passe plus de temps à vous rendre des comptes qu'à faire son travail).

« Je fais trop jeune, j'ai l'impression qu'on ne me prend pas au sérieux, que cela me freine dans ma carrière... »

Léa, 32 ans, juriste

En êtes-vous bien certaine ? Comparez avec les autres. Si dans votre tranche d'âge, ils ne rencontrent pas les mêmes difficultés, alors vous avez un problème de « juvénilité ». La première chose à faire : vieillir votre apparence. Vous ne pouvez pas vous laisser pousser la moustache ou la barbe comme le font les garçons pour ressembler à des hommes, mais vous pouvez porter les accessoires qui vieillissent : lunettes strictes (même si vous n'en avez pas besoin), tenues noires ou grises, de coupe sobre, presque masculine. Autre astuce : afficher sur votre bureau une photo de bébé, automatiquement ça vous donne dans l'inconscient collectif de la boîte une stature de mère (même s'il n'est pas à vous). Deuxième chose : modifier votre attitude même si vous devez vous faire violence. Montrez-vous « sérieuse » en toutes circonstances : cachez votre joie, votre bonne humeur, votre spontanéité (ça rajeunit), parlez peu (ça vieillit), sobrement (ton monotone, manière carrée, froide, concise, distanciée). Et bougez moins vite, à l'économie (comme les vieux, les sénateurs...).

Consacrer du temps à son équipe

Faire confiance à ses collaborateurs, ce n'est pas les laisser livrés à eux-mêmes, sans directives, encouragements ou soutien. Manager, c'est aussi savoir prendre le temps pour écouter, motiver, stimuler, approuver ou critiquer.

1/ Expliquer les règles

Pour consacrer du temps à son équipe, il faut en avoir. Expliquez d'emblée à tout le monde votre manière de gérer le temps, vous serez moins dérangé inutilement, donc plus disponible.

2/ Prendre ensemble du temps pour le temps

Accorder les pendules, ça demande du temps. Vous devez pouvoir écouter vraiment et vous exprimer complètement. Ça ne se fait pas entre deux portes : prenez l'habitude de fixer des rendez-vous à vos collaborateurs (matinée pour l'après-midi, le jour pour le lendemain).

3/ Respecter le temps des autres

Votre temps passe en premier, mais avant de « l'imposer » (pour convoquer une réunion, confier une tâche, fixer des délais, etc.), efforcez-vous toujours de tenir compte de l'agenda de vos collaborateurs, de leur charge de travail. Par exemple, ne demandez en urgence qu'en cas d'urgence.

Les bons réflexes

- Soyez toujours à l'heure aux rendez-vous que vous donnez à vos collaborateurs.
- Ne faites pas semblant d'écouter quand vous n'êtes pas vraiment disponible.
- Fermez votre porte, et demandez qu'on ne vous dérange pas, avant de commencer un entretien ou une réunion.
- Débrouillez-vous pour passer au moins dix minutes deux fois par semaine en tête à tête avec chaque membre de votre équipe pour faire le point sur les travaux en cours.
- Tenez les autres au courant : vous avez le droit d'être absent, pas de disparaître.
- Prévenez d'emblée : « J'ai cinq (dix, vingt) minutes à vous consacrer. » Ça vaut mieux que regarder votre montre toutes les trois minutes.
- Ne laissez pas pourrir quand vous devinez un problème ; videz l'abcès tout de suite.
- Prenez des rendez-vous fixes tous les trois ou six mois avec chacun pour faire le point sur sa carrière.
- Réservez la dernière heure de la semaine pour rassembler tout le monde autour d'un pot, dans une ambiance détendue.

Mener une réunion

Indispensables les réunions, mais aussi grosses dévoreuses de temps (pour soi comme pour l'entreprise) quand on en abuse. Apprendre à travailler à plusieurs sans sombrer dans la « réunionnite aiguë » cela s'apprend. Pourquoi les réunions prennent-elles autant de temps ? Est-ce parce qu'on a un peu trop tendance à se réunir pour tout et pour rien ? Sans doute mais pas principalement. De fait, les réunions prennent du temps parce qu'il est toujours plus long d'expliquer que d'informer (à coups de notes de service par exemple), de demander l'opinion des autres que d'imposer la sienne, de consulter que de décider tout seul, de faire participer que d'ordonner ou d'envisager plusieurs solutions (plutôt qu'une seule). Se réunir, c'est indispensable à l'efficacité et, aussi, à la convivialité. Mais ça ne peut pas se faire n'importe comment, sinon on obtient tout le contraire : tout le monde perd son temps (et pendant ce temps-là ne fait pas son travail) et se démotive. Comment bien conduire une réunion ? En appliquant quelques règles de base.

1/ S'assurer que c'est nécessaire

Une réunion, c'est fait pour régler un problème ou prendre des décisions. Avant d'en lancer une, demandez-vous s'il n'y a pas une méthode plus simple ou plus efficace (envoyer une note, donner des coups de fil, déléguer quelqu'un...).

Les bons réflexes

- Organisez les réunions hors de votre bureau chaque fois que c'est possible pour préserver votre territoire.
- Confirmez la veille quand la réunion a été fixée depuis plusieurs jours.
- Commencez toujours la réunion à l'heure que vous avez fixée. La prochaine fois, les retardataires feront un effort.
- Posez votre montre devant vous pour bien montrer à tout le monde que le temps est compté.
- Prévoyez des breaks (dix minutes toutes les heures) pour les longues réunions.
- Les réunions courtes (moins d'une demi-heure), gardez tout le monde debout (vous compris), elles dureront encore moins longtemps.
- Utilisez et demandez aux autres d'utiliser des supports visuels (tableaux, dessins, transparents, vidéos, etc.) pour abréger les temps d'explication.
- Finissez la réunion à l'heure prévue. Si tous les problèmes ne sont pas réglés, donnez rendez-vous pour une prochaine réunion.

2/ Prévoir un ordre du jour

De quoi va-t-on parler, dans quel but… Chaque fois que vous organisez une réunion, envoyez un mémo écrit aux participants. C'est essentiel pour ne rien oublier, leur permettre de réfléchir (pour faire plus rapidement des remarques ou des suggestions).

3/ Limiter le nombre de participants

Dans une réunion, plus on est nombreux, plus la communication prend du temps. Donc vous devez limiter le nombre de participants à ceux qui sont indispensables à la réflexion et aux décisions (et ne pas convoquer en fonction des titres ou des copinages).

4/ Fixer une durée

Une réunion, vous annoncez quand ça commence, vous devez aussi dire quand ça finit. Donner d'avance une durée, une demi-heure, une heure, etc., ça permet à chacun de se préparer et ça évite à tout le monde d'être trop bavard.

Aider à l'action

Tous les jours, nous posons aux autres de nombreuses questions sur ce qu'ils pensent, ont dit, fait ou vont faire, veulent ou ne veulent pas. La façon dont vous formulez ces questions est chargée d'un pouvoir négatif ou positif. Toutes les questions qui commencent par « Pourquoi » sont pratiques quand c'est purement technique. « Pourquoi la photocopieuse est encore en panne ? », « Parce que Martin a encore une fois oublié d'enlever les trombones de son dossier. » En revanche, quand la question est plus personnelle, ça bloque. Il n'y a pas de réponse sauf « Parce que », sous-entendu « C'est comme ça » ou « Je suis comme ça ». Ça ne permet pas d'avancer, de trouver des solutions. Chaque fois que vous demandez « Pourquoi » à votre patron, un collaborateur ou un client : « Pourquoi vous avez fait ça ? », « Pourquoi vous réagissez comme ça ? », vous polarisez automatiquement son attention sur les difficultés. Vous rajoutez à ses problèmes et vous éveillez en lui des sentiments négatifs d'impuissance, de colère ou de culpabilité. Faites commencer vos questions par « Comment » ou « Que » : « Comment allez-vous faire maintenant ? », « Qu'est-ce qui vous a fait réagir comme ça ? », vous verrez, ça change tout. En orientant l'attention de vos interlocuteurs sur des solutions, vous les incitez à en trouver.

Critiquer constructif

Personne n'étant parfait, tous les jours au top de ses compétences, au mieux de son talent, de ses performances, les occasions de critiquer ne manquent pas. Des critiques souvent désagréables à entendre, particulièrement quand elles sont justifiées. Si, en plus, vous les formulez mal, vous obtenez l'effet inverse à celui que vous recherchez. Au lieu de faire un effort pour s'améliorer, votre interlocuteur se braque ou se démotive un peu plus. Il se dit : « À quoi bon, je n'y arriverai jamais. » C'est ce qui se passe chaque fois que vous l'attaquez avec des formules du genre « C'est de votre faute », « Avec toi, c'est toujours pareil », « Je vous l'ai déjà dit cent fois », etc. Évitez. Ne gaspillez pas votre temps et votre énergie en reproches inutiles et dévalorisants. Quelqu'un fait une bourde, il n'est pas bon, jouez-la constructif. Commencez par bannir les « toujours » et les « jamais ». Utilisez plutôt des formules motivantes du style : « Ce n'est pas terrible, hein ! Qu'est-ce qu'on pourrait faire pour que ce soit mieux la prochaine fois ? », « Vous avez fait votre possible, je suis sûr que, la prochaine fois, ça se passera bien », etc. Évitez aussi d'exprimer vos critiques en public, notamment devant des tiers extérieurs à l'entreprise. Attendez d'être entre quatre yeux.

« Je suis entouré de lèche-bottes ! Des béni-oui-oui avec le chef, qui rient à grand bruit de ses blagues les plus vaseuses ; s'il porte une cravate orange, vous pouvez être sûr que la semaine d'après, tous les mecs auront la même ! »

Marc, 32 ans, agent immobilier

Demandez-vous d'abord si vous n'avez pas une vision déformée de la réalité. Une telle unanimité dans la brosse à reluire, c'est rare. Sauf si c'est votre chef qui a recruté tout le monde « à sa botte ». Mais dans ce cas, vous le seriez aussi ! Ou alors c'est une grosse erreur de casting de sa part. Peu probable. Bref, c'est peut-être votre côté rebelle, voire passif-agressif (tous les chefs sont des crétins, ils vous en demandent toujours trop, etc.), qui vous fait prendre des comportements normaux (courtoisie, respect, attention...) pour du culte de la personnalité. En tout cas, vous n'avez que deux solutions. Soit vous mettre au diapason sur le thème « À Rome on fait comme les Romains ». Au moins, un peu pour ne pas trop détonner. Soit garder vos aspérités pour vous distinguer, mais avec humour et finesse, par exemple en ne jouant pas systématiquement l'aigri de service ou le sale gosse qui casse l'ambiance.

Corriger les dérives

La plupart des gens sont de bonne volonté. Mais quelqu'un peut vous blesser sans le faire exprès, vous décevoir sans s'en rendre compte. Quand cela arrive, ne boudez pas, ne faites pas la tête, ne l'accablez pas de récriminations. Déjà il s'y est pris comme un pied, s'il culpabilise en plus, cela peut entraîner des réactions négatives. En revanche, en reconnaissant d'emblée à une personne ses bonnes intentions : « Je sais que vous ne l'avez pas fait exprès, mais... », « Je comprends que vous ne pouvez pas, mais... », vous renforcez ce qu'il y a de meilleur en lui. C'est plus facile ensuite de lui montrer le côté négatif de son comportement ou de ses décisions. Ne présumez surtout pas de la capacité des autres à vous comprendre spontanément. Nous ne sentons pas et ne pensons pas tous pareil, notamment en cas de différence de sexe. Ce qui vous touche, vous, peut très bien être indifférent à un autre ou une autre et vice versa. Vous devez toujours expliquer en quoi vous êtes déçu ou blessé par l'attitude de quelqu'un ou ses choix. Et lui demander pourquoi, à son avis, c'est arrivé et ce qu'il faut faire pour y remédier.

La « dream team »

- Elle cherche avant tout à atteindre ses objectifs, clairement définis au départ.
- Elle reste ouverte au monde extérieur.
- Elle réunit des compétences et des talents complémentaires.

- Elle encourage chacun à exprimer ses différences.
- Elle tient compte de l'opinion de chacun.
- Elle sait gérer et surmonter ses conflits internes.
- Elle aide chacun à réussir au-delà de ce dont il se croyait capable.
- Elle fête ses succès en mettant l'accent sur la contribution de chacun.

L'équipe qui perd

- Focalisée sur des problèmes de personnes, elle oublie le but commun.
- Elle fonctionne en vase clos.
- Elle réunit des « copains », qui se cooptent principalement par affinités.
- Elle encourage le conformisme intellectuel et la « lèche ».
- Elle retient surtout les idées du chef ou des chefs.
- Elle évite soigneusement les conflits, au profit du consensus mou.

- Elle décourage les bonnes volontés, en ne relevant pas assez de défis.
- Elle ignore le besoin de reconnaissance personnelle de ses membres.

Partie VII

Les rapports à l'autorité

CHAPITRE 25

Ne prenez plus votre patron pour votre mère !

Vous partez tous les matins au boulot en traînant des pieds. Vous rentrez tous les soirs abattu, découragé ou énervé sans trop savoir pourquoi. Vous vous sentez coincé dans votre job, démotivé, frustré. Vous avez envie de fondre en larmes ou de gifler votre patron quand il vous refuse la promo ou l'augmentation que vous pensez mériter. Pas de doute, vous êtes en pleine régression. Vous ne réagissez plus en pro, mais comme un gamin ou une gamine de six ans. Vous faites au bureau comme avant dans votre famille. Car nous reproduisons au travail des rôles et des comportements de type familiaux. C'est aussi un système complexe d'interactions et de relations, avec des implications affectives et des « réponses » émotionnelles. « Nombre de cadres ont avec leur patron le même comportement que les ados vis-à-vis des parents : ils veulent à la fois l'autonomie et la sécurité. Que leur patron leur fiche la paix… mais qu'il soit toujours là quand ils ont besoin de lui », confirme par ailleurs Maurice Thévenet, professeur en ressources humaines au Cnam et à l'Essec (propos recueillis par Patrick Fauconnier pour le *Nouvel Observateur*).

Bref, on a les mêmes problèmes avec son patron et les autres dans son travail que ceux qu'on a connus enfant dans sa famille. Et les mêmes réactions. Sauf que cette fois, c'est plus dangereux. Votre patron n'a pas la patience d'une mère. Il peut mettre une croix définitive sur une promo, bloquer votre salaire ou même vous virer si vous disjonctez. La bonne nouvelle, c'est qu'en changeant votre propre comportement, en mettant à la casse vos stratégies d'enfant, vous pouvez influencer ce système. Bien sûr, vous ne pouvez pas faire d'un patron tyrannique une mère Teresa, mais vous n'avez plus l'impression désagréable d'être en couettes et socquettes blanches ou en baigneur. Vous gérez mieux les conflits (pas seulement avec votre patron). Votre ambiance boulot, vos relations s'améliorent, vous donnez plus facilement la pleine mesure de vos talents. Et surtout, vous gagnez en influence.

Pourquoi votre patron ressemble à votre mère ?

Votre patron ressemble à votre mère ? Toujours. Même si c'est un ventru de chez ventru qui mange trop de saucisses et avec une grosse verrue à poils noirs sur le nez (alors que votre maman est plutôt stylée porcelaine de Saxe). Même si vous avez une mère dragon et un patron plus proche (malgré lui) de la bonne pâte que de la bête féroce. Il lui ressemble parce qu'il occupe, de fait, une place semblable (d'autorité et de quotidienneté) dans votre existence. Votre relation avec lui est structurée comme votre relation avec elle. Inconsciemment, vous reproduisez avec lui les attitudes que vous aviez avec votre mère. C'est un réflexe normal parce qu'ils ont tous les deux, relativement à vous, objectivement beaucoup de points communs.

Vous dépendez de lui

Petite fille, petit garçon, vous dépendiez complètement de votre maman pour votre survie. Vous comptiez sur elle pour être nourri à heures fixes, lavé, habillé. Vous vous efforciez de faire tout comme elle disait parce que vous l'aimiez, mais aussi parce que vous aviez terriblement besoin d'elle. Avec votre patron, c'est pareil. Vous dépendez en grande partie de lui pour vos trois repas par jour, votre bain moussant, vos petits pulls de chez Zara ou Gap, vos tailleurs Chanel ou vos costumes Armani. Vous avez aussi besoin de lui et, automatiquement ça crée, que vous le vouliez ou non (de part et d'autre), un lien affectif.

Vous devez lui rendre des comptes

Maman, c'est la première personne à qui vous deviez rendre des comptes. « Tu t'es lavé les dents ? », « Oui, maman », « Tu as rangé ta chambre comme je te l'ai demandé ? », « Oui, maman ». La première personne qui vous récompensait en vous disant « Je suis très fière de toi » parce que vous aviez réussi à finir une grosse assiette de soupe ou à prendre votre douche tout seul pour la première fois. Qui vous promettait de vous emmener à Eurodisney si vous aviez des bonnes notes à vos contrôles du trimestre. Ou qui vous privait d'un épisode de *Fifi Brin d'acier* à la télé parce que vous aviez oublié votre livre de lecture à l'école ou cassé en gesticulant la potiche chinoise, un cadeau de grand-mère, dans le salon. Votre patron prend le relais. C'est à lui que vous devez rendre des comptes aujourd'hui. C'est lui qui joue maintenant de la carotte et du bâton. Il vous promet une prime si vous décrochez un gros client qu'il lorgne depuis longtemps. Il vous enguirlande devant tout le monde quand vous arrivez en retard en réunion ou parce qu'il y a trop de fouillis sur votre bureau.

Vous « vivez » avec lui

Votre patron, vous le voyez presque tous les jours comme votre mère et même, souvent, vous passez beaucoup plus d'heures avec lui que vous n'en avez passé avec elle dans votre tendre enfance. Quand vous enlevez vos heures de sommeil, d'école ou celles de son job à elle, ça vous laissait trois, quatre heures par jour avec votre maman. Avec votre patron, c'est du sept heures par jour minimum en semaine et vous l'avez plus souvent sur le dos. Forcément, avec lui aussi, vous avez ce que les experts en ressources humaines appellent des « désirs émotionnels ». Vous avez besoin de vous sentir reconnu, de savoir qu'il apprécie votre travail, de vous sentir aimé.

Vous devez le respecter

Avec votre patron comme avec votre mère, il y a des règles tacites. Avec lui comme avec elle, vous devez vous conformer à certains principes de conduite. Vous êtes censé, par exemple, paraître content de votre patron/maman même si vous ne l'êtes pas, donner toujours le beau rôle à votre patron/maman même si ça doit vous faire perdre la face, ne jamais remettre en question les directives de votre patron/maman même si vous les trouvez nulles, faire passer vos obligations (votre travail, vos devoirs) avant vos plaisirs, votre bien-être, etc.

Vous devez refouler vos sentiments « négatifs »

Au bureau comme à la maison, vous n'êtes pas supposé exprimer des sentiments « négatifs ». Ça ne se fait pas de se mettre en colère avec sa maman, de lui montrer qu'on est déçu par son cadeau d'anniversaire ou qu'on lui en veut parce qu'elle n'a pas tenu une promesse. Pas plus qu'avec votre patron. Vous n'êtes pas censé claquer de rage la porte de son bureau, tirer une mine de trois mètres de long quand il vous refile un vieux Powerbook asthmatique au lieu du dernier MacBook Air que vous attendiez ou refuser de déjeuner avec lui pendant trois mois parce qu'il vous a dit « Niet, pas d'augmentation pour le moment ».

Vous devez le partager

Vous n'avez pas votre patron pour vous tout seul. Comme votre mère, vous devez le partager avec les autres. Votre patron ressemble à votre mère, mais il ressemble aussi à la mère du directeur financier ou de l'assistante du troisième chef de bureau. D'où, forcément, des rivalités, des réactions émotionnelles en chaîne, qui brouillent encore votre relation avec lui comme elles les brouillaient avec elle et réactivent tous vos mauvais réflexes (ceux qui vous nuisent humainement et professionnellement). Dès qu'on a le moindre problème avec son patron, tous nos comportements familiaux négatifs ressortent en premier, constate Brian DesRoches, un psychologue canadien. « Quand on a six ans et qu'on se sent menacé de perdre l'attention de sa mère, on a recours à n'importe quel moyen pour retrouver sa sécurité, y compris les pires trucs et les tactiques les plus manipulatrices. À l'âge adulte, quand on se sent à nouveau menacé, ces comportements anciens réapparaissent spontanément sans qu'on réalise vraiment ce qui se passe. »

Comment ne plus le prendre pour votre mère ?

Pour ça, vous devez remplacer vos vieux réflexes défensifs par des comportements plus adaptés. Ça ne peut pas se faire d'un coup de baguette magique. Les habitudes ancrées dans l'enfance ont la peau dure. Mais, en appliquant les sept stratégies suivantes, vous arriverez rapidement à vous libérer de vos réactions d'enfant et à entretenir avec votre patron (et avec les autres) des relations mille fois plus agréables et profitables.

Ne pas le diaboliser

C'est un vieux réflexe enfantin. On a fait une bêtise, on se sent en faute, alors on accuse pour se défendre. On cherche un coupable, on désigne un bouc émissaire. On dit à sa maman « J'ai pas fait mes devoirs parce qu'Antoine (le petit frère) a fait rien que m'embêter » ou à son patron « Le dossier n'est pas prêt parce que Deschamps a bourré la photocopieuse ». Perdez cette habitude qui consiste à reporter le blâme sur les autres. À commencer par votre patron. Quand les choses ne se passent pas bien avec lui, vous êtes tous les deux responsables. Lui, il est ce qu'il est. Vous ne pouvez pas espérer le changer, mais vous pouvez changer, vous. L'énergie, le temps, que vous gaspillez en critiques, reproches et condamnations, vous pouvez mieux l'employer en vous demandant « Qu'est-ce que je peux faire pour améliorer la situation ou nos relations ? ».

« La fille qui est au-dessus de moi est incompétente ! Je sais que je serais mille fois meilleure à sa place. Je n'en dors plus la nuit et ça me rend dingue. »

Constance, 32 ans, contrôleuse de gestion

Non, l'ambition n'est pas un gros mot. Le pouvoir, presque tout le monde aime ça, peu de gens l'avouent. Alors bravo ! Vous avez envie de contrôler davantage (les autres, votre vie...), grimper l'échelle des responsabilités, des salaires... Pas de problème ! Mais êtes-vous bien certaine de pouvoir faire mieux que votre chef ? Est-ce une ambition professionnelle légitime (ça serait mieux pour l'équipe, pour la boîte) ou juste de l'envie (vous voulez la place pour les privilèges, qu'on vous lèche les bottes...). Rappelez-vous le fameux principe de Peter : « Dans toute hiérarchie, chaque employé tend à s'élever à son niveau d'incompétence ; chaque poste tend à être occupé par un employé incompétent dans son travail. » C'est valable pour votre chef, mais pour vous aussi. Alors, relativisez ! Vous méritez peut-être le poste, mais c'est contre-productif d'en faire une obsession. Vous avez plus de chances de l'obtenir en vous focalisant sur votre propre job (pour qu'il soit encore plus impec, exemplaire) que sur les défaillances (réelles ou supposées) de votre chef.

Arrêter de s'obséder sur lui
Maman, c'est tellement important quand on est petit, qu'on passe son temps à l'observer. Pour voir si elle est contente, si on a bien fait, etc. Quand elle est de mauvaise humeur parce qu'elle vient de recevoir ses impôts ou parce qu'elle a attendu le plombier pendant deux heures, on pense bêtement « C'est de ma faute, j'ai pas dû être bien ». Avec votre patron, vous continuez. Vous vous obsédez sans vous en rendre compte sur chaque froncement de sourcil. Quand il a sa mine des mauvais jours, vous ne pensez pas « Sa femme l'a envoyé dormir sur le canapé du salon » mais « Il m'en veut parce que j'ai dû faire une erreur ». « Oubliez-le » votre patron. Il a aussi sa vie (comme votre maman) avec ses propres problèmes. Vous n'êtes pas responsable du millième de ses humeurs. Concentrez-vous sur votre propre attitude. Ça vous permettra de prendre du recul par rapport à votre situation et à vos réactions, de vous libérer de vos mauvais réflexes émotionnels et d'agir plus objectivement.

Se faire un pense-bête

Enfant, quand votre maman vous disait, « Je n'aime pas les petites filles (ou les petits garçons) qui se tiennent à table comme des cochons. Regarde ton petit cousin Hugo, à trois ans et demi (deux de moins que vous) il est parfait ! », vous pensiez « J'y arriverai jamais » et vous replongiez vos doigts dans la purée de carottes. Votre maman s'énervait, vous criait après. Paniquée, vous essuyiez vos doigts (machinalement) sur votre pyjama tout propre. Votre maman craquait, elle vous donnait une tape (Aïe !) sur la main, vous vous mettiez à pleurer. Quand votre patron vous dit « Encore en retard ! Décidément, on ne peut pas vous faire confiance ! » ou, sur un ton sarcastique, « Eh bien ! Vous avez l'air de bosser dur cette semaine ! », vous retombez dans le même genre de cercle vicieux : stress – comportement défensif inefficace – augmentation du stress – amplification du comportement – nouvelle augmentation du stress – nouvelle amplification du comportement, etc. Quand on veut sortir d'un cercle vicieux, la première chose à faire c'est d'y penser tout le temps. Sinon on oublie, parce que c'est toujours plus confortable, plus facile, de céder à un vieux réflexe que de faire des efforts. Pour ça, le meilleur moyen, c'est de vous faire un pense-bête. Un Post-it scotché sur votre lampe avec les mots « cercle vicieux » ou n'importe quoi, un coin-coin d'ordinateur à heures fixes, une épingle à nourrice sur votre bureau, une bague portée à l'envers... pour vous rappeler de ne pas retomber dans vos mauvaises habitudes.

Se libérer des « triangles » émotionnels

Un triangle émotionnel, c'est quand deux personnes s'allient pour faire face à une troisième. Classique dans les familles. Maman vous disait « Non, pas question de regarder *Gladiator*, c'est pas pour les petites filles » (ou *Emmanuelle 4*, si vous êtes un garçon), alors vous alliez manipuler papa pour vous faire un allié. Une autre fois, « Si papa savait la grosse bêtise que tu as faite, il serait très en colère. Promets-moi que tu ne recommenceras plus et ça restera un secret entre toi et moi ».

Dans les boîtes, c'est pareil. Machin a un problème avec le patron (qu'il prend pour sa mère), il vient vous voir pour chercher un appui. En fait, il se débarrasse d'une partie de son propre stress sur votre dos, il vous utilise (sans faire exprès) comme une poubelle. Méfiez-vous de toutes les conversations qui commencent ou qui finissent sur le thème « Je ne le dis qu'à toi », « N'en parle à personne ». Parfois, c'est votre patron lui-même qui cherche une alliance secrète. Par exemple, en vous demandant ce que vous pensez du travail d'Untel ou Unetelle. Vous trouvez ça flatteur qu'on vous demande votre aide ou votre avis, mais à chaque fois que vous rentrez dans « un secret », vous prenez automatiquement parti contre quelqu'un d'autre. Vous vous retrouvez impliqué dans un conflit qui ne vous concerne pas et qui, au final, fait toujours croître votre propre niveau de stress.

C'est mieux d'éviter en demandant si l'autre est au courant et en posant d'emblée que vous avez pour principe de ne jamais parler des absents ou de jouer les intermédiaires. Tout ça, bien sûr, avec beaucoup de tact.

« Mon chef magouille dans mon dos avec mes subordonnés. »

Philippe, 36 ans, directeur de clientèle

C'est très fréquent le non-respect de la hiérarchie par ceux-là mêmes qui vous ont recruté ! Votre patron « copine » avec les gens qui travaillent pour vous afin de leur extorquer des confidences sur votre travail (ou pire sur votre personnalité). Après il vous rapporte tout, histoire de semer la zizanie. Ou bien, il leur accorde dans votre dos des avantages (argent, temps libre, etc.), puis vous reproche de ne pas tenir votre équipe ou votre budget. Ce genre d'attitude est souvent le fait d'un faible : au lieu de faire son propre boulot de chef (il sait qu'il le fait mal), il pourrit le vôtre. Et il le fait d'autant plus que vous êtes doué (il est jaloux). La solution dans ce cas : faites-vous muter, changez de boîte (ce type-là est un pervers). Si ce n'est pas possible, évitez les confrontations directes (par exemple, en le démasquant). En revanche, vous pouvez calquer systématiquement votre attitude sur la sienne. Par exemple, il vous dit qu'Untel a dit du mal de vous, répondez-lui « Il m'en a dit aussi de vous ». Le procédé est bas, mais très efficace.

Communiquer sur le mode du « Je »

Avec sa maman, quand on voulait quelque chose, on employait naturellement le mode « Tu » parce que c'est elle qui décidait et qui faisait les choses. On disait :

« Maman, tu peux me donner un verre de Yop ? » ou « Maman, tu veux bien m'acheter la Barbie avec le gros ventre qui a un bébé ? » Mais votre patron n'est pas votre mère. Avec lui, le moyen le plus rapide d'améliorer les relations, d'obtenir ou de dire les choses, surtout quand elles peuvent être désagréables à entendre, c'est d'employer le « Je » au lieu du « Tu » ou du « Vous ». Ça passe mieux, par exemple c'est plus efficace de dire à votre patron : « J'ai toujours eu du mal pour être à l'heure » ou « Je pense que le moment est venu de reparler de mon augmentation » ou encore « Je sais que je vous agace, j'aimerais bien qu'on s'entende mieux ». Il ne se sent pas menacé dans son « autorité ». En revanche, vous réactivez tous ses instincts défensifs quand vous lui dites : « Vous êtes vraiment trop strict avec les horaires » ou « Vous m'aviez promis une augmentation, vous avez oublié », ou encore « Vous vous énervez facilement avec moi, vous pourriez être plus patient, ça irait mieux ». Le « Je » est aussi un bon moyen pour vous assurer que vous êtes sur la même longueur d'onde. Par exemple : « Ai-je raison de penser que vous ne voulez pas parler de ma promo pour le moment ? » ou « Je vous ai bien entendu dire que je suis responsable du nouveau projet ? » Prenez l'habitude de parler de vos problèmes en disant « Je ». Ça vous aide à penser les situations du point de vue de vos propres responsabilités et à trouver vos propres solutions. Attention, quand même. Certains « Je » sont trompeurs. Ils cachent des « Vous » ou des « Tu » et déclenchent presque toujours des réactions défensives. Si vous dites à votre patron « J'ai l'impression que tu ne me dis pas tout sur le projet X », forcément il vous reproche de ne pas lui faire confiance. Pour en faire une véritable affirmation, vous devez dire : « Je me sens mal à l'aise parce que je ne connais pas tes intentions sur le projet X. »

Clarifier les messages ambigus

Une bonne relation avec votre patron, c'est des rapports clairs. Ce qui est rarement le cas. Avec son patron, c'est comme avec sa mère, on laisse beaucoup de choses dans le flou. De cette manière, en cas de problème, on peut s'en sortir en jouant les imbéciles. Exemples : « Mais, maman, tu m'as dit prends ta douche ou fais tes devoirs. J'ai pris ma douche ! » ou, plus tard, « Je suis désolé. J'avais compris que vous vouliez personnellement présenter le dossier Y, je n'ai rien préparé ». De son côté, votre patron, ça l'arrange aussi. Ça lui permet souvent de se défiler quand il a pris des engagements : « Je vous avais promis une prime si vous dépassiez vos objectifs mais, bon, le marché est en pleine croissance en ce moment pour tout le monde, alors... », etc. En clarifiant d'emblée les messages ambigus (les vôtres et ceux des autres), vous gagnez en crédibilité personnelle, mais en plus, à terme, vous êtes toujours gagnant. Ne serait-ce qu'en vous épargnant des désillusions et le paquet de stress qui va avec. Pour clarifier vos propres messages, la méthode est simple. Soyez direct : dites ce que vous pensez (calmement, en restant toujours courtois) même si cela peut déplaire. Pour clarifier ceux des autres, c'est un peu plus compliqué, surtout avec votre patron. D'abord, vous devez faire ça en privé pour désamorcer la menace ou la gêne d'une confrontation devant des tiers. Ensuite, vous devez choisir le bon moment. Ce n'est pas la peine de commencer une séance « d'éclaircissement » si vous ne pouvez pas la mener jusqu'au bout. Évitez si vous êtes (de part et d'autre) pressés ou susceptibles d'être interrompus. Souvenez-vous aussi que votre patron, comme maman (et la plupart des gens), ne sait pas qu'il transmet des messages ambigus. Alors, du tact. Ne l'accusez pas de vouloir jouer double jeu. Employez plutôt le « Je » pour dire vos impressions, vos sentiments. Par exemple : « Je sais que vous comptez sur moi pour ce projet, mais comme je ne suis plus informé des réunions, je ne comprends plus. Voulez-vous que je fasse partie de l'équipe ou non ? » Autre méthode : reprenez à votre compte les deux options du message pour obliger votre patron à choisir l'une ou l'autre ou à valider les deux. Exemple : « J'ai compris que vous vouliez que je travaille en priorité sur le projet Z mais je me sens perplexe parce que vous semblez ne pas y croire vraiment. J'aimerais qu'on en parle. »

Jouer les caméléons

Enfant, à chaque fois qu'on avait un problème avec sa maman (ou qu'on imaginait en avoir), on n'arrivait plus à être soi-même, alors, on adoptait un rôle. On devenait le « rebelle », la « victime », le « sauveteur » ou le « persécuteur ». Aujourd'hui, quand vous avez un problème avec votre patron ou des relations difficiles avec les autres, vous rejouez inconsciemment votre rôle favori. En jouant toujours le même rôle avec votre patron ou votre entourage professionnel, vous perdez évidemment beaucoup en capacité à absorber les coups, à rebondir ou à régler les problèmes. Vous tournez souvent en rond dans votre job parce que vos « réponses » sont limitées, stéréotypées. Jouer les caméléons, c'est être capable de s'adapter en fonction de la situation. Il ne s'agit pas de changer de rôle, de passer de l'enfant-victime à l'enfant-rebelle par exemple, mais simplement d'être plus flexible, de gagner en souplesse dans vos réactions. Pour ça, vous devez d'abord reconnaître quand vous jouez un rôle. Ça n'est pas bien difficile. Dans le rôle du rebelle, vous vous retrouvez constamment en train d'affronter votre patron. Dans celui de la victime, vous passez votre temps à vous plaindre dans son bureau. Dans celui du sauveteur, vous croyez dur comme fer que votre patron a besoin de vous pour être protégé (contre tous les autres : vos collègues, les fournisseurs, les clients, l'administration, etc.). Dans celui du persécuteur, vous essayez d'avoir votre patron à l'intimidation, à la menace (voilées). Identifiez le rôle que vous jouez habituellement et vous êtes à moitié sorti du piège. Vous ne perdez plus votre temps et votre énergie à défendre vos actes sur le thème « Je suis comme ça, c'est tout ! ». Plus souple, plus ouvert, plus fort, vous « prenez » mieux votre patron et vous restez serein, même quand il fait sa crise infantile.

CHAPITRE 26

Bien cadrer son chef

On croit souvent, un bon vieux réflexe d'enfant sage et de morale judéo-chrétienne, qu'il suffit de bien faire son travail pour que tout se passe bien. Que nos mérites soient reconnus, qu'on soit apprécié, encensé, promu... Mais ça ne se passe pas comme ça ni dans l'entreprise ni en politique. Regardez Jospin qui croyait que son bilan parlait pour lui ! Dans n'importe quel job, on ne peut pas réussir sans faire un minimum, sinon beaucoup, de politique. Et c'est d'autant plus vrai qu'on monte dans la hiérarchie ou qu'on appartient à un gros groupe. Faire de la politique, c'est savoir avant tout se montrer diplomate, brosser son chef dans le bon sens du poil. On obtient plus (et plus durablement) par la persuasion qu'en essayant de passer en force. Ici, le succès passe par une bonne identification de la personne que vous avez en face de vous : indispensable pour connaître ses forces et faiblesses, prévoir ses mouvements et réactions, adopter les bonnes approches.

Référence absolue dans les cabinets anglo-saxons, la typologie de Jung distingue quatre grands types de personnalité dans le travail : le type *sensation*, le type *intuition*, le type *pensée* et le type *sentiment.* Chaque type a une approche spécifique de la réalité, ses avantages et ses inconvénients. Il y a ceux qui, dans leur perception des problèmes, privilégient les faits, le présent (« sensation ») ; ceux qui ont toujours un coup d'avance, anticipent les possibles, le futur (« intuition ») ; ceux qui, lorsqu'ils ont un choix à faire, s'appuient sur la logique, l'objectivité (« pensée ») ; ceux qui, enfin, tranchent en fonction de leurs valeurs et de leurs relations aux autres (« sentiment »).

Cette typologie a d'ailleurs été scientifiquement validée dans les années quatre-vingt par les neurosciences. Trois chercheurs (N. Hermann, L. Schkade et A. Potvin) du département d'Ingénierie biomédicale de l'université du Texas ont en effet montré que l'activité cérébrale est doublement polarisée (hémisphère droit et hémisphère gauche, système limbique et cortical) et que nous avons tous un mode de fonctionnement cérébral privilégié. Ils ont ainsi mis en évidence quatre grands types cérébraux qui correspondent aux types junguiens : limbique droit (Sentiment), limbique gauche (Sensation), cortical droit (Intuition), cortical gauche (Pensée).

Comment brosser votre patron dans le bon sens du poil ?

Bien sûr, nous sommes tous complexes, nous avons tous en nous un peu des quatre types de Jung, mais nous avons tous dans notre approche des problèmes et notre manière de fonctionner un type dominant. C'est ce type-là que vous devez prendre en compte pour déterminer la personnalité de votre patron.

Le type « Pensée »

Il a une intelligence logique, qui donne la priorité à la réflexion, à l'analyse des faits et à la mesure quantifiée (il est doué pour les chiffres, les stats, les probabilités)…

Ses points forts

Il fait preuve de beaucoup d'objectivité : dans une situation, confronté à un problème, il est capable de rassembler les faits, de dégager l'important (où, quand, comment, combien), d'analyser les éventualités, d'établir des priorités, de trancher et d'agir (fermement et avec persévérance).

Ses points faibles

Il ne tient pas assez compte des autres. Il croit qu'il suffit d'en appeler à la raison ou à des grands principes pour que ça marche. Du coup, il provoque souvent des réactions de blocage : il ne sait pas ou mal écouter, persuader, convaincre.

Qu'est-ce qu'il vous apporte : plus réaliste, plus objectif, il a une approche stratégique des problèmes et des événements. Dans une situation, en cas de difficulté, il est capable de dépassionner et de relativiser pour faire les choix appropriés.

Votre problème avec lui : il demande un peu trop aux autres (efforts, résultats, etc.) et ça met la pression. Au nom de l'efficacité, de la rentabilité, il néglige souvent le facteur humain : comme il ne prend pas assez le temps de parler, d'écouter, de convaincre, il impose.

Comment l'influencer efficacement : allez droit à l'essentiel (il n'aime pas être dérangé). Soyez concis (n'hésitez pas à lui faire des notes de synthèse). Quand il vous informe, posez les questions nécessaires, mais évitez les digressions. Adoptez une approche impersonnelle des problèmes ou des difficultés. Quand des problèmes personnels sont en jeu, présentez-les comme des faits à prendre en compte dans l'analyse de la situation. Mettez en avant des considérations d'efficacité et de profit. Ces deux notions étant fondamentales pour lui, cela légitime et crédibilise vos propos. Quand vous avez une décision à prendre, présentez-lui et les avantages et les inconvénients et proposez-lui trois options possibles. N'ayez pas peur d'être critique (il n'en fait pas une affaire personnelle) et gardez votre calme en toutes circonstances (il peut être parfois très blessant sans même le faire exprès).

Le type « Intuition »

Il a une intelligence synthétique qui privilégie le flair et l'imagination. Il comprend vite (sans être obligé de tout analyser, de rentrer dans les détails) et il est doué pour établir des relations entre des choses qui, en apparence, n'en ont pas.

Ses points forts

La capacité de recul : dans une situation donnée, face à un problème, il peut recadrer, voir ce qu'il y a de bon, les opportunités, les possibilités offertes. La prise d'initiative : il ne se contente pas de réagir aux événements, il propose des scénarios, des solutions, des idées, des méthodes, auxquels les autres n'avaient pas pensé.

Ses points faibles

Le manque de méthode et d'organisation : les contingences matérielles, la logistique, la routine, ce n'est pas sa tasse de thé. Il est plus performant pour lancer des idées, des projets que pour les gérer. Il sous-estime souvent le poids des habitudes (des autres), l'inertie des systèmes.

Qu'est-ce qu'il vous apporte : une meilleure vue d'ensemble des situations et des problèmes. Il est souvent plus à même d'anticiper que vous et il est capable de s'écarter des sentiers battus pour trouver des solutions originales en cas de difficulté.

Votre problème avec lui : il est désordre et ne respecte pas les règles, les procédures, vous avez souvent l'impression qu'il fait les choses à l'envers, met la charrue avant les bœufs. Il est tout le temps en train de se projeter (« demain, on rase gratis »), mais il néglige les problèmes du présent.

Comment l'influencer efficacement : restez dans les grandes lignes. Avec lui, vous pouvez sauter les étapes intermédiaires et passer aux conclusions. Les détails, comme les explications point par point, le font déconnecter (trop ennuyeux), alors ne lui en donnez pas sauf s'il demande des précisions. Présentez-lui les problèmes et les difficultés comme des opportunités et resituez toujours les faits dans un contexte : qu'est-ce qu'ils signifient, qu'est-ce qu'ils montrent... Soulignez l'originalité, la nouveauté, les potentialités. Et proposez-lui des alternatives plutôt que « ça ne peut pas être autrement ». Quand il a le choix entre une méthode nouvelle aux résultats incertains mais prometteurs, et les procédures habituelles, il préfère presque toujours prendre le risque. Et il ne vous en veut pas si ça rate : il admet les hauts et les bas.

Le type « Sensation »

Il a une intelligence sensorielle, qui privilégie le concret, l'organisation et le contrôle. C'est quelqu'un de pragmatique, particulièrement doué pour élaborer des plans de travail, en fixer les étapes et gérer les informations, les tâches, les événements pour optimiser l'action.

Ses points forts

Le bon sens : abordant les problèmes de façon pratique, réaliste, il est doué pour trouver des solutions concrètes, efficaces. La rigueur : il est organisé (dans ses idées, son travail), méthodique, discipliné (il fait ce qu'il faut quand il faut), vigilant (il traque l'erreur, la faute, le défaut caché).

Ses points faibles

Le manque de vision globale : le nez dans le guidon, il a du mal à prendre du recul, de la hauteur, à se projeter (il excelle plus dans les réalisations à court terme qu'à long terme). Le manque de souplesse : il est très tatillon sur les règles, les procédures et parfois un peu trop rigide.

Qu'est-ce qu'il vous apporte : plus de rigueur et de méthode. Il sait souvent mieux que vous quantifier les informations (analyse et synthèse des données chiffrées, statistiques, financières...), prendre en compte les détails et les impératifs administratifs liés à un projet et finaliser les actions.

Votre problème avec lui : il a ses habitudes, ses méthodes de travail, sa routine, et il freine ou il bloque en cas d'imprévu, de changement (de programme, d'environnement, d'interlocuteur). Très soucieux des détails, du défaut caché, il a besoin de tout contrôler et voit toujours le côté « bouteille à moitié vide » (casse l'enthousiasme).

Comment l'influencer efficacement : parlez-lui concret, faits précis, mesurables, vérifiables, prouvés. Et actions, objectifs, résultats à court terme : tout ce qui est trop lointain l'angoisse un peu parce que c'est du non-maîtrisable. Soyez clair et direct quand vous expliquez : nature exacte de la situation, des problèmes ou des difficultés, conséquences prévisibles, actions à entreprendre... Pas d'euphémismes ou d'à-peu-près. Et n'omettez pas les détails : pour lui, tout est important. Soulignez les résultats acquis et le suivi des actions engagées. Les possibilités, les potentialités, les spéculations sur l'avenir ne l'intéressent pas ou peu. Quand vous argumentez, ne sautez pas une étape. Raisonnez pas à pas, point par point, avec schémas, plans, exemples à l'appui (montrez les applications réussies) et fréquents retours en arrière si nécessaire pour être bien certain d'être compris.

Le type « Sentiment »

Il a une intelligence affective, basée sur les émotions, les sentiments, l'empathie, la convivialité. Il a souvent de forts sentiments d'appartenance de groupe (fondés sur une sensibilité ou des valeurs communes) et un sens aigu de la solidarité.

Ses points forts
Le sens des interactions individuelles : il perçoit et réagit bien aux besoins et aux désirs des autres. Le sens du dialogue : il n'impose jamais, il cherche toujours à convaincre, en encourageant les autres à s'exprimer pour trouver un consensus.

Ses points faibles
Une certaine naïveté : il a trop tendance à se fier aux autres quand il les trouve sympathiques. Le manque de décision : il veut être trop consensuel alors souvent il perd beaucoup de temps, il est moins efficace, « rentable ».

Qu'est-ce qu'il vous apporte : sensible aux besoins, aux attentes et aux motivations des autres, il fluidifie l'ensemble de vos relations et il a un effet « liant » : cimente l'équipe, prévient les conflits, les désamorce…

Votre problème avec lui : vous le trouvez trop gentil. Il fait trop confiance aux autres (ne veille pas assez à l'exécution des tâches) et croit tout ce qu'on lui raconte au lieu de faire preuve d'objectivité. Il veut être trop consensuel (plaire, arranger tout le monde, ne contrarier personne), du coup, ça fait perdre beaucoup de temps à l'équipe. Très bavard aussi, il a tendance à se disperser, ça vous énerve…

Comment l'influencer efficacement : n'allez jamais droit au fait, commencez par un minimum de salamalecs (« Vous avez passé un bon week-end ? », « Comment vas-tu ? », etc.). N'oubliez jamais qu'il attache autant d'importance, sinon plus, à la forme qu'au fond. Présentez-lui les faits, les problèmes en insistant sur le facteur humain. Cherchez les points d'accord et proposez-lui des solutions consensuelles. Quand vous lui demandez de prendre une décision, de trancher, soulignez les valeurs qui sont en jeu, les éventuelles réactions des personnes concernées. Et prenez des gants quand vous avez des critiques à formuler, en précisant chaque fois qu'il n'est pas en cause personnellement. Trop direct, vous risquez de provoquer une réaction de blocage ou de rejet.

Votre chef en neuf mots-clés

Sensation	*Intuition*	*Pensée*	*Sentiment*
Particulier	Général	Objectif	Subjectif
Souci du détail	Vision globale	Principes	Valeurs
Analytique	Synthétique	Distanciation	Implication
Pragmatique	Idéaliste	Sympathie	Empathie
Sens pratique	Esprit imaginatif	Logique	Associatif
Méthode	Inspiration	Critique	Compréhensif
Procédural	Expérimental	Réflexion	Conviction
Ici-Maintenant	Anticipation	Vrai/Faux	Bien/Mal
Conserver	Changer	Raisonner	Éprouver

CHAPITRE 27

L'influencer favorablement

S'attirer, imposer, inspirer le respect au chef le plus exigeant. De quoi cela dépend ? D'abord de l'estime que l'on a de soi-même (voir chapitre 1). Ensuite, de la force de caractère dont on est capable (on ne se fait pas respecter en jouant les carpettes ou en méprisant les autres). Se faire respecter par son patron, ce n'est pas si difficile. Ça ne demande pas d'être zéro défaut, de ne jamais faire de faux pas, encore moins d'être craint (un peu quand même) : simplement vous devez vous voir comme digne d'intérêt, d'estime, de considération. Et surtout, le plus important, de vous comporter toujours comme tel, même quand vous n'êtes pas au plus haut dans votre audimat personnel ou au mieux de votre forme (quand vous vous sentez trop faible pour affronter le fauve, ne rentrez pas dans sa cage, prenez un jour de congé !).

Comment vous imposer en douceur ?

Travailler dans une bonne entente avec son patron direct, c'est d'abord un problème de temps. Votre patron vous prend beaucoup de temps (il vous en fait perdre aussi beaucoup). Normal. Vous êtes payé pour ça. Mais comment maîtriser un temps, le vôtre, sur lequel il a des droits, alors que, déjà, vous avez du mal à tout faire quand votre temps vous appartient en toute propriété. Simple. Vous devez partir du principe que le temps de votre patron valant beaucoup plus cher que le vôtre (sur le marché de l'entreprise), c'est ce temps-là, le sien, que vous devez gérer en priorité. Cela suppose quelques principes, beaucoup de volonté et un peu de diplomatie.

Prendre avec lui du temps pour le temps

Aujourd'hui, plus d'un actif sur deux se plaint du stress (enquête Eurotechnopolis/IFOP), la course contre le temps (31 %) arrivant loin devant la peur de perdre son emploi (10 %). Votre patron est, comme vous, sensible au manque de temps. Donc vous pouvez aborder franchement le sujet (vos horaires de travail, votre emploi du temps) si vous êtes débordé, au lieu de lui laisser croire que vous pouvez tout faire (ce qui ne peut qu'empoisonner vos relations). Et fixez-vous des rendez-vous tous les trois ou six mois pour faire un « point temps ».

Lui expliquer votre propre gestion du temps

Plages de temps réservées à votre travail (vous souhaitez être dérangé le moins possible), lutte contre les éléments « chronophages » (intrusions, téléphone...), préparation des réunions (pour en limiter la durée) et refus de la « réunionnite », anticipation des problèmes...

Expliquez, votre patron accordera (c'est son intérêt) autant que possible sa pendule avec la vôtre.

« Mon patron m'appelle tout le temps quand je suis en vacances. »

Hugo, 26 ans, commercial

Trois cas de figure. 1/ C'est la rançon du succès : vous vous êtes rendu indispensable. Laissez-lui un mémo qui fait le point sur toutes les actions en cours et leur suivi en votre absence avec et les noms et les téléphones des différents intervenants dont il pourrait avoir besoin. 2/ Vous n'avez pas suffisamment posé de limites : votre patron vous appelle en vacances comme il a l'habitude de vous appeler le soir ou le week-end, souvent d'ailleurs sans nécessité réelle, juste pour parler. Pour limiter ses coups de fil, prévenez-le que vous n'être joignable que sur une plage horaire donnée (par exemple, le soir entre 18 et 19 heures) et coupez votre téléphone le reste du temps. 3/ Votre patron appelle souvent parce que c'est un grand anxieux. Dans ce cas, appelez-le vous-même régulièrement : il se sentira rassuré et automatiquement, il sera moins tenté de se jeter sur le téléphone pour un oui ou pour un non.

Concilier vos priorités avec les siennes

Votre patron a ses propres obligations, ses propres objectifs. Ils ne sont pas forcément synchrones avec les vôtres (même si ce qui est urgent et important pour lui le devient forcément pour vous). Le meilleur moyen pour éviter les malentendus, ou pire les décrochages en cours de route, c'est d'expliquer vos propres priorités et objectifs. Votre patron pourra en tenir compte (autant qu'il le peut) dans les tâches ou les responsabilités qu'il vous confie et vous gagnerez du temps tous les deux.

Ne pas tricher sur les délais

Combien de temps pour ceci ou pour cela ? Ne sous-évaluez pas le temps pour faire du zèle. Après, vous risquez de ne pas pouvoir tenir vos engagements (très déceptif pour votre patron). Ne le surestimez pas non plus : votre patron cherchera quelqu'un de plus performant que vous. Respectez les délais prévus. Si vous prenez du retard, informez-le.

Ne pas hésiter à lui dire non

Vous dites toujours oui à votre patron pour vous faire bien voir, vous sentir indispensable, parce que vous êtes maso ou que vous avez peur qu'un autre fasse mieux ? Vous avez tort. Ce n'est pas ainsi qu'on se fait respecter. Vous êtes trop « full » ? Refusez. En expliquant pourquoi : votre patron n'est pas au courant de votre charge de travail. Si ses exigences doivent nuire à votre efficacité, il sera le premier à le comprendre (sinon c'est un bourrin).

« Mon patron change tout le temps d'avis. Il lance une idée et, au dernier moment, il se ravise. Résultat : je bosse pour rien et, pire, je me mets dans une situation délicate avec mes clients. »

Alexis, 29 ans, cadre commercial

Ce type de comportement est très fréquent chez les impulsifs, les hyperactifs, et surtout les gens peu sûrs d'eux ou tout bêtement trop stressés. Peu importe la cause, ça se résume en un point : ils ne prennent pas suffisamment le temps de réfléchir. La solution : penser à sa place. Concrètement, chaque fois que votre patron vous demande de faire une chose, prenez les devants. Suggérez-lui d'autres alternatives pour qu'il envisage toutes les solutions, au lieu d'attendre qu'il le fasse après coup. De manière générale, rassurez-le en vous montrant présent et efficace.

Pratiquer avec lui le « sauf avis contraire »

« Si vous ne me dites pas d'attendre, je commence... », « Si vous ne me dites pas d'arrêter, je continue... », « Si vous ne me dites pas de continuer, j'arrête... », etc. Travailler avec un patron par « option négative », vous gagnez (lui et vous) un temps fou en communication et les choses se font concrètement beaucoup plus vite.

Ne pas prendre son temps en otage

En principe, le temps de votre patron est plus serré que le vôtre (sinon c'est un fainéant). Donc ne lui en faites pas perdre. Quand il vous pose une question et que vous ne connaissez pas la réponse, ne brodez pas : demandez un délai et envoyez-lui une note. Quand vous lui posez un problème, proposez-lui des solutions possibles ; c'est à lui de décider, mais à vous de les chercher. Quand il délègue, assurez-vous que vous avez tous les éléments avant de vous lancer, au lieu de revenir l'embêter (parce que vous avez besoin de précisions).

Soigner son « Alzheimer »

Vous êtes tombés d'accord sur un projet, une tâche, des moyens, une méthode... Confirmez ce qui s'est dit par écrit. Si vous avez mal compris, s'il n'a pas été assez clair, il pourra corriger le tir, ce qui vous fera gagner à tous les deux un temps précieux. Et puis, c'est plus prudent si vous avez un patron particulièrement « Alzheimer » (« Ah, bon ! Je vous ai dit ça moi ! »).

Ne pas se poser en victime

Dans le travail, comme dans la vie, rien ne se passe toujours exactement comme prévu. Il y a des contretemps, des incidents de parcours et parfois aussi des injustices. Chaque fois que vous bloquez (même avec le bon droit pour vous), vous perdez du temps et vous en faites perdre. Alors, si vous estimez être victime d'une injustice de la part de votre patron, parlez-en avec lui (au lieu de bouder).

Les bons réflexes

- Soyez toujours à l'heure à vos rendez-vous (surtout s'il est toujours en retard).
- N'entrez jamais dans son bureau juste pour lui dire bonjour (il pense, a-t-il tort ?, que c'est pour lui montrer que vous êtes là).
- S'il vient très tôt ou s'il part très tard pour pouvoir travailler tranquillement, ne venez pas tôt, ne restez pas tard pour le voir.
- Quand il vous demande trois choses à la fois, demandez-lui son ordre de priorité.
- Si vous avez quelque chose d'important à lui dire, ne le faites pas entre deux portes (il écouterait mal, oublierait).
- Informez-le sans le déranger. Notes, mémos, e-mails... Faites passer l'information (aller-retour) par écrit autant que possible.
- Prévenez-le (par écrit) très en avance de vos absences (séminaires, voyages, formation, vacances) et confirmez (par écrit) une semaine avant.
- S'il est « double option », proposez-lui toujours une alternative au lieu d'attendre qu'il y pense de lui-même.
- S'il est insaisissable, ne le lâchez pas sans prendre un prochain rendez-vous.

Apprendre à dire non

« Martin est malade, vous pouvez reprendre le dossier ? » Avec tous vos propres dossiers en cours, vous êtes déjà surchargé de travail, mais comme c'est votre patron, vous n'osez pas dire non. Forcément, votre efficacité et vos résultats s'en ressentent. L'aptitude à dire « non » quand on pense « non » est sans doute la qualité la plus indispensable pour une gestion efficace du temps. Comment réapprendre à dire non ? Pas simple dans un premier temps parce que vous devez lutter à la fois contre vous-même et le poids de la routine si vous avez habitué les autres à dire toujours « oui ». Mais cela vous deviendra de plus en plus facile si vous respectez quelques règles essentielles.

1/ Se méfier des « il faut »

La première personne à qui vous devez apprendre à dire non, c'est vous. Chaque fois que vous pensez « Il faut que je fasse ceci, cela... », inversez : « Faut-il vraiment que... ? » Avant de dire oui, demandez-vous les raisons de votre acquiescement systématique.

2/ Fermer sa porte

La politique de la porte ouverte (« il faut être disponible ») a fait son temps. Pour travailler efficacement, être tranquille chez vous, fermez-la. Et apprenez aux autres (patron, collaborateurs, chéri(e), enfants...) à le respecter (le minimum, c'est de frapper avant d'entrer).

3/ Ne pas avoir peur

Vous dites toujours oui à votre patron pour vous faire bien voir ? Vous avez tort. Votre patron a d'abord intérêt à ce que vous fassiez bien votre travail. Quand ce n'est pas possible, refusez en expliquant pourquoi : il ne peut pas être au courant de l'emploi du temps de tout un chacun.

4/ Ne rien avoir à prouver

Vos collaborateurs, vos collègues, vos amis, votre conjoint sont toujours tentés de vous « refiler le bébé » en arguant que vous êtes plus compétent, plus ceci ou plus cela. Défilez-vous. Chacun ses responsabilités.

Savez-vous dire non ?

Est-ce pour bien faire ou pour ne pas déplaire ? Aujourd'hui, pris dans le mouvement, on dit souvent « oui », spontanément, sans réfléchir. Résultat : on est très vite débordé par les événements. Êtes-vous un « ouiiste » inconditionnel ? Cochez chaque fois que c'est « non »

1. Vous vous montrez toujours d'accord, même quand vous pensez que les gens ont tort.
2. Au bureau ou avec vos amis, vous vous tapez souvent toutes les corvées.
3. Vous êtes facilement blessé par les critiques.
4. Vous avez du mal à faire des choses ou des projets seul.

5. Vous laissez les autres prendre les décisions importantes.
6. Vous n'aimez pas être seul.
7. Pour vous, c'est plus important d'être aimé que d'aimer.
8. Vous détestez les conflits.
9. Vous avez beaucoup de mal à rompre (collaboration, amitié, relation...).

Moins de 7 « non »

Vous êtes très dépendant des autres. Vous devez absolument apprendre à dire « non » quand vous pensez « non » pour gérer plus efficacement votre temps.

7 « non » et plus

Vous êtes déjà très autonome, mais les conseils suivants vous permettront d'améliorer encore plus votre efficacité.

Annoncer une mauvaise nouvelle

Tout le monde déteste les mauvaises nouvelles, les patrons encore plus (fut une époque où ils tuaient pour ça). Terrible fardeau à porter, la mauvaise nouvelle est souvent déformée, édulcorée pour ne pas (trop) fâcher. Son annonce peut être différée (voire dissimulée) par le porteur de peur des remontrances, et peut-être des sanctions. Or, une mauvaise nouvelle n'est pas comme un bon vin, elle gagne rarement à vieillir. Tardive, elle peut avoir des effets bien plus graves que la bonne « mauvaise nouvelle » bien fraîche. Que faire, ou plutôt, comment annoncer une catastrophe (assistante enceinte de trois mois, marché soufflé par un concurrent, occupation sauvage de l'usine...) ? C'est à cette question intéressante que les chercheurs américains de l'Institut pour la recherche opérationnelle et les sciences de gestion viennent de donner une réponse sinon définitive, du moins très pratique : évitez le face-à-face tragique, n'optez pas pour la lettre manuscrite, bannissez le télégramme catastrophique, ne songez même pas au coup de téléphone. Autrement dit, soyez numérique. Le courrier électronique, grâce à sa froideur informatique et sa convivialité « multimédia », est LE vecteur de prédilection des mauvaises nouvelles.

CHAPITRE 28

Comment se faire bien voir par son patron ?

Comme vous, votre patron préfère marcher au charme, à l'affectif, plutôt que contraint et forcé par la nécessité. « Si c'est la raison qui fait l'homme, c'est le sentiment qui le conduit », disait Jean-Jacques Rousseau. C'est valable aussi pour votre patron, même s'il a la froide autorité d'un technocrate, des appétits d'hyène ou s'il semble avoir perdu son âme depuis longtemps.

Dix signes qui montrent qu'il vous a à la bonne

Votre chef peut vous apprécier, vous estimer, vous respecter, mais la sympathie, c'est encore autre chose. Il vous aime bien ou pas ? Voici dix signes qui plaident en votre (et en sa) faveur.

1/ Il vous regarde dans les yeux quand il vous parle

Au lieu de regarder en l'air, son dossier, les autres... Et quand il a quelque chose à vous dire, il vient vous voir ou il vous demande de venir (téléphone, mail) au lieu de vous parler d'une pièce à l'autre, voire de hurler à travers les murs.

2/ Il s'excuse quand il vous donne un « sale boulot »
Quand il a des tâches ennuyeuses ou peu valorisantes à vous faire faire, quand il vous confie une mission où vous risquez de vous faire malmener (par un client, etc.), il vous montre qu'il a conscience que ce n'est pas l'idéal ni pour votre ego ni pour vos compétences, au lieu de se servir de vous comme si vous étiez taillable et corvéable à merci.

3/ Il imagine que vous avez une vie hors du bureau
Il s'intéresse à votre famille, vos loisirs, vous demande comment s'est passé votre week-end, vos vacances. Il se souvient de votre anniversaire, vous invite à déjeuner, vous offre des fleurs, un petit cadeau. Il se souvient du prénom de votre mari, de votre petit ami, de vos enfants, de votre chien, vous demande de leurs nouvelles.

« Mon patron nous a invités, mon mec et moi, ce week-end, j'accepte ou pas ? »

Lucie, 29 ans, chargée de clientèle

Plutôt non. On a tous des rôles sociaux et c'est toujours très risqué de mélanger celui de collaborateur fidèle et celui de compagnon de loisirs. Passer un week-end, voire des vacances ensemble, cela suppose l'effacement de la distance hiérarchique, or la plupart des patrons français, même les plus relax, ne le tolèrent pas vraiment. Ou alors vous maintenez la distance hiérarchique et vous gâchez votre week-end ou vos vacances. Un piège d'autant plus pernicieux que les patrons qui invitent pour un week-end ou une semaine ou deux ont souvent un profil tyrannique : des gens plutôt seuls, sans amis, qui se raccrochent au pouvoir d'influence qu'ils exercent sur leurs collaborateurs. Autre bonne raison pour éviter : votre compagnon. En général, nos tendres moitiés supportent mal de nous voir plus ou moins aux ordres de quelqu'un d'autre, même quand on ne joue pas à superwoman à la maison. Bref, défilez-vous !

4/ Il vous nourrit

Si vous ne faites pas de pause-déjeuner, il vous propose de vous rapporter une salade ou un sandwich. Il vous invite de temps en temps à déjeuner seule ou avec des personnes qui lui sont très proches. Il vous invite aussi à dîner chez lui pour vous présenter sa femme, ses amis.

5/ Il loue vos mérites devant les autres

Il ne rate pas une occasion de montrer qu'il vous apprécie, il vous complimente, vous félicite devant tout le monde chaque fois que vous réussissez un joli coup. Et quand il a des reproches à vous faire, il vous prend entre quatre yeux (dans un bureau fermé) au lieu de vous critiquer en public, voire de vous hurler dessus devant tout le monde.

6/ Il prend votre défense si besoin est

Il ne laisse pas passer les remarques ou les réflexions désagréables (sur votre look, votre travail...), il neutralise les agressifs (dans l'équipe, le service, à l'extérieur). Et il n'encourage pas les intrigues, par exemple en laissant croire à un de vos subordonnés qu'il peut passer par-dessus votre tête.

« Mon chef est trop gentil, le dernier qui a parlé a toujours raison et le boulot n'avance pas... »

Maria, 29 ans, chef de projet

Un boss gentil, c'est parfois pire qu'un tyran. Comme il s'efforce de plaire à tout le monde de peur d'être impopulaire, il ne prend aucune décision avant de consulter un maximum de personnes. Du coup, quand il se décide à décider, les délais sont si courts que vous ne faites rien de bon et les autres non plus. À la longue, non seulement la productivité baisse, mais ça finit par créer rancœurs et conflits. D'autant que vous ne pouvez compter (les autres non plus) sur ce type de « patron Téflon » pour vous soutenir en cas de coup dur. L'avantage : il est ouvert aux suggestions et délègue facilement. Alors, prenez l'initiative. Comme il déteste les histoires, il y a de bonnes chances que vous soyez autorisé à en faire beaucoup sans essuyer de reproches. Mais couvrez vos arrières pour les questions importantes : envoyez-lui un mail pour confirmer ce qui a été accepté.

7/ Il remarque les changements

Vous sortez de chez le coiffeur, vous avez changé de coupe, de look, vous êtes particulièrement en forme, en beauté... Il vous fait des compliments (sans aucun sous-entendu). Idem, quand ça ne va pas, vous avez mauvaise mine, pas assez dormi, vous êtes trop stressé, fatigué, il s'en soucie et vous suggère (avec tact) de faire une pause.

8/ Il relativise quand vous vous plantez

« Ce n'est pas grave, ça arrive à tout le monde » et il positive : « Voyez le bon côté, maintenant vous allez pouvoir... » Au lieu de vous enfoncer systématiquement : « Vous n'avez jamais été très doué pour les choses compliquées ! », de faire sans cesse des comparaisons en votre défaveur (« Martin, lui, c'est une flèche ! ») ou de faire votre procès pendant des heures et la liste de vos erreurs passées.

9/ Il vous met en avant

Il vous encourage à faire des choix ambitieux au lieu de vous cantonner dans votre rôle. Il ne vous « cache » pas aux autres (vos compétences, vos mérites) au prétexte de vous garder rien que pour lui parce que vous faites très bien votre travail, il vous pousse à prendre plus de responsabilités, à évoluer (formation, concours internes...), il vous aide à accéder à un niveau supérieur dans l'entreprise (fait votre promotion, vous recommande à sa hiérarchie).

10/ Il arrange les choses

Il trouve des solutions quand vous avez un problème personnel au lieu de ne se soucier que de son intérêt personnel ou de se retrancher derrière les règles ou les procédures de l'entreprise. Par exemple, si toute l'équipe doit changer de site et que ça doit se traduire pour vous par deux heures de plus en trajets quotidiens, il se débrouille pour vous faire rester en poste sur le site actuel.

Votre chef ne vous respecte pas

- Il ne tient pas compte de votre emploi du temps (vous balance par exemple des tâches au dernier moment sans se concerter avec vous), donc vous empêche de vous organiser.
- Il ne vous donne pas les informations nécessaires pour bien faire votre travail (après, ça lui est d'autant plus facile de critiquer).
- Il ne vous confie que des tâches ennuyeuses (sans les justifier) au lieu d'essayer de tirer le meilleur parti de vos compétences.
- Il vous fixe des objectifs impossibles sous prétexte de vous motiver et il vous accuse d'incompétence quand vous ne les tenez pas.
- Il vous hurle dessus devant tout le monde chaque fois que vous faites une erreur, mais il ne reconnaît jamais vos mérites.

- Il n'est jamais satisfait (tout ce que vous faites n'est jamais assez bien, assez), ne vous félicite jamais, vous fait rarement de compliments, mais vous exhorte à en faire toujours plus.
- Il vous reproche (fait votre procès pendant des heures) le moindre manquement et n'oublie jamais de vous le rappeler.
- Il n'arrête pas de vous faire des réflexions désavantageuses sur votre physique ou votre manière de vous habiller sous prétexte de se soucier de vous.

Comment être plus en faveur ?

Bien sûr, quand on joue la séduction, on triche toujours un peu. On fait souvent son hypocrite, mais c'est quand même mieux. Les rapports quotidiens sont beaucoup plus agréables. Et on obtient plus (et plus durablement) par la persuasion qu'en essayant de passer en force. La séduction souvent, c'est un don (les femmes sont, en général, plus douées) mais on peut en faire un art.

L'apprécier tous les jours

En vivant à deux ou tout comme avec votre patron, vous avez mille occasions tous les jours d'être horripilé par son attitude ou ses manières. Forcément, vous réagissez. Vous lui lancez des regards noirs, des piques, vous lui en voulez. Et vous avez raison. Sauf que ce n'est pas juste. Vous oubliez toutes les qualités qui font que vous touchez votre chèque en fin de mois. Vous oubliez toutes les fois où il s'est montré bon patron. C'est normal. Vous avez appris à considérer que cela allait de soi. Spontanément, on a tous tendance à critiquer ce qui est mal et à faire l'impasse sur ce qui est bien. Pour compenser, vous devez aussi louer les bons côtés de votre patron, apprécier ce qu'il fait et ce qu'il est. Chaque jour, trouvez quelque chose où il a été bien et dites-le-lui. Pensez à une qualité que vous aimez particulièrement chez lui et dites-le-lui aussi (n'en faites pas trop quand même, sinon ça devient de la lèche). Vous pouvez essayer les compliments indirects, par exemple, vantez ses mérites auprès de ses plus proches amis et sa famille. Forcément, cela lui reviendra aux oreilles.

L'encourager à décompresser

Un patron, c'est branché cerveau gauche, programmé pour dessiner des courbes de ventes et faire du profit. En revanche, ce n'est pas très doué (et même souvent très handicapé quand c'est un homme) pour parler d'autre chose que de la volatilité des marchés ou du poids accru des prélèvements sociaux. En plus, la majorité des patrons, isolés dans la solitude des chefs, sont habitués à ne presque jamais parler de leurs propres problèmes. Vous, quand vous avez des états d'âme, un coup de blues, des doutes, vous pouvez trouver au moins trois copines ou un vieux complice de couloir pour vider votre sac, vous libérer, voir plus clair, etc. Pas lui. Il accumule et tout cela contribue à le diminuer. Aidez-le à trouver les mots (et le temps) pour s'exprimer, ça le fortifie. Au début, il aura sans doute du mal, il éprouvera souvent une certaine anxiété à parler à cœur ouvert. Donc, ne le bousculez pas. Ne le lancez pas d'emblée sur des problèmes de fond. Contentez-vous de lui demander ce qu'il sent (au lieu de ce qu'il pense). Ça l'encouragera à se raconter et à soulager tout ou partie de ses préoccupations et de ses contrariétés.

Lui rappeler qu'il est indispensable

Un patron, c'est un petit garçon ou une petite fille qui a grandi avec des rêves de héros. C'est Super Mario ou Wonderwoman luttant contre les méchants (les concurrents, le fisc) et protégeant la veuve et l'orphelin (les actionnaires, les employés).

En fonctionnant d'une manière très autonome, vous soulagez sans doute votre patron d'un poids (celui du commandement), mais à terme ce n'est pas lui rendre service, car ça l'encourage à « démissionner » de ses responsabilités de chef (forcément minant pour son ego parce qu'il est aussi payé pour ça).

Et, immanquablement, plus vous assurez, plus il se défile quand vous avez vraiment besoin de lui. Alors, arrêtez de montrer que vous pouvez très bien faire sans lui, de donner dans l'hyper-autonomie. Au contraire, montrez-lui plus souvent qu'il est indispensable à la bonne marche de l'entreprise. N'hésitez pas à solliciter son aide pour régler vos problèmes, voire à l'appeler au secours pour activer ses fibres héroïques. Plus vous le faites, plus vous le renforcez dans sa « cheffitude ».

« Mon patron est parano ! Il me surveille tout le temps, je ne peux rien dire ou faire sans qu'il imagine le pire. »

Julien, 36 ans, chef de projet

Avec un parano, la marge de manœuvre est étroite. Vous ne pouvez pas vous montrer trop sympa (plus vous l'êtes, plus il vous soupçonne d'intentions tortueuses) ni trop spontané (pas question de prendre, par exemple, la moindre initiative sans avoir son aval). Alors restez sérieux en toutes circonstances. Cachez votre joie et votre bonne humeur (vous ne pouvez pas vous permettre ce que lui-même s'interdit) et présentez-lui toujours les choses de manière carrée, les pour et les contre, froide, concise, distancié. Tout ce qui laisse planer une équivoque, des incertitudes (dans les possibilités, votre façon de vous exprimer, etc.) le met mal à l'aise, risque de le déclencher. Ne faites surtout pas d'humour pour détendre l'atmosphère. C'est tout ce qu'il déteste : ça montre une aisance dans les relations sociales que lui-même n'a pas. Communiquez avec lui autant que possible par écrit. En face-à-face, il est à l'affût du moindre détail suspect (un regard, une attitude, un geste...) qu'il peut interpréter à votre détriment. Et calquez votre attitude sur la sienne, par exemple cherchez sans cesse comme lui la petite bête, le défaut caché, ça le rassurera.

Lui dire en clair ce que vous attendez de lui

Vous avez des exigences. C'est normal. Votre patron vous apprécie (espérons-le !), il veut les satisfaire. C'est normal aussi. Mais, forcément, plus il vous apprécie, plus il vous idéalise : il croit souvent (plus ou moins consciemment) que vous avez des exigences dont il n'a pas les moyens. Et il imagine que vous allez lui en vouloir terriblement s'il ne vous accorde pas vos mercredis en vous gardant au même salaire, s'il ne vous offre pas un mois de vacances pieds dans l'eau dans un palace aux Bahamas pour vous récompenser de vos bons résultats, ou s'il ne vous augmente pas d'emblée de 20 % alors que vous le méritez. En revanche, certaines exigences qui vous semblent tout à fait raisonnables peuvent lui paraître tout à fait irréalistes. En abordant franchement ces problèmes avec lui, vous désamorcez ses *a priori* négatifs et vous multipliez vos chances de trouver un terrain d'entente (et des avantages conséquents).

Être moins prévisible

Votre patron ne vous « voit » plus parce que vous faites partie de son décor quotidien. Vous êtes une pièce dans son puzzle au même titre que ses autres collaborateurs, au même titre que ses copains, sa voiture, sa femme, etc. Quand il a besoin de vous, il n'a plus à chercher ; il sait où vous trouver. Il ne prend plus la peine de réfléchir pour vous « localiser ». Vous êtes devenu « prévisible » parce que vous avez des habitudes. Changez-les. Arrivez plus tôt au bureau ou partez plus tard. Ne restez pas vissé à votre bureau, aller plus souvent zoner dans les couloirs, squatter chez le DRH, à la fab, la compta (trouvez des prétextes). Disparaissez plus souvent à l'improviste chez un client. Ne prenez plus toutes vos RTT systématiquement le vendredi ou le lundi. Bref, débrouillez-vous pour être ailleurs, moins souvent là, quand il a besoin de vous. L'essentiel, c'est qu'il ne vous trouve plus aussi facilement, qu'il soit obligé de réfléchir (ou de demander aux autres) pour vous « situer ». Automatiquement, il vous accordera plus d'attention.

Les bons réflexes

- Soyez exigeant (argent, avantages...). Vous ne faites pas du bénévolat, vous ne travaillez pas par amour. Si vous ne demandez rien, votre patron non seulement ne vous donnera rien (sauf rares exceptions), mais il aura aussi une piètre estime de vous. Mais que vos exigences soient toujours légitimes : salaire correct, bureau avec fenêtre, voiture de fonction... oui ! 4 x 4, abonnement au centre de remise en forme du Ritz, téléphone satellite... non !
- Montrez votre indépendance en dehors des heures de boulot. Déjeuner ensemble de temps en temps, traîner le soir autour d'un verre, c'est bien pour entretenir de bons rapports, mais ne donnez pas à votre patron l'impression que vous êtes toujours disponible pour lui (ou pire, que vous n'attendez que ça) : déjeunez seul aussi ou avec une personne de l'extérieur, ne jouez pas les prolongations en fin de journée, etc.

- « Cassez » volontairement votre image pour court-circuiter l'idée (toute faite) que votre patron a de vous. Par exemple, vous avez la réputation d'être quelqu'un d'accommodant, montrez-vous tout à coup dur et intransigeant, puis redevenez bonne pâte.
- Piquez une crise une fois par an (pas plus) histoire de rappeler que vous n'avez pas une âme de carpette. Par exemple, en déboulant l'air mauvais dans son bureau (« Ça ne se passera pas comme ça ! ») ou en parlant très fort dans les couloirs (« Non mais, il se prend pour qui celui-là ! »).
- Ne prenez pas parti dans les petits conflits internes (rivalités, jalousies professionnelles, guéguerre de « petits chefs »...) mais, en revanche, prenez position (fermement) sur les sujets importants (dossier épineux, RTT, licenciement abusif...).
- Montrez à votre patron que vous n'êtes pas seulement aimable avec lui, mais aussi, et autant, avec l'assistante, l'homme de ménage, les stagiaires ou les coursiers.
- Travaillez.

Achevé d'imprimer par GGP Media GmbH, Pößneck
en mars 2009
pour le compte de France Loisirs,
Paris

N° d'éditeur : 54935
Dépôt légal : janvier 2009
Imprimé en Allemagne